Student Activities Manual

Nakama 2

Intermediate Japanese: Communication, Culture, Context

THIRD EDITION ENHANCED

Yukiko Abe Hatasa
Hiroshima University

Kazumi Hatasa
Purdue University
School of Japanese, Middlebury College

Seiichi Makino
Princeton University

Prepared by

Satoru Ishikawa
Boston University

✦ Cengage

Australia • Brazil • Canada • Mexico • Singapore • United Kingdom • United States

For product information and technology assistance, contact us at
**Cengage Customer & Sales Support, 1-800-354-9706
or support.cengage.com.**

For permission to use material from this text or product, submit all requests online at **www.copyright.com.**

ISBN: 978-0-357-45329-2

Cengage
200 Pier 4 Boulevard
Boston, MA 02210
USA

Cengage is a leading provider of customized learning solutions with employees residing in nearly 40 different countries and sales in more than 125 countries around the world. Find your local representative at:
www.cengage.com.

To learn more about Cengage platforms and services, register or access your online learning solution, or purchase materials for your course,
visit **www.cengage.com.**

Printed in the United States of America
Print Number: 06   Print Year: 2022

CONTENTS

TO THE STUDENT

The Student Activities Manual (SAM) accompanying *Nakama 2: Intermediate Japanese: Communication, Culture, Context* is designed to increase your proficiency in grammar usage and your knowledge of kanji, and to help you develop listening comprehension and production skills in Japanese. The exercises and activities in the SAM are divided into two sections for each chapter: the workbook activities, which consist of vocabulary, grammar, and written exercises, and the lab activities, which provide listening and oral production exercises. The pages have been perforated so they can be handed in for homework. The three-hole punch design allows you to hold onto them for reference and test preparation.

The workbook section consists of supplementary vocabulary activities followed by supplementary grammar practice to complement those in the text. The grammar exercises in the workbook, like those in the textbook, are situation-based and reinforce the vocabulary presented in the textbook. Following an integration section, the writing section provides penmanship practice centered on the **kanji** new to the chapter and exercises to reinforce your use of **kanji** when writing in Japanese. There is a challenging and interesting reading comprehension exercise for each chapter as well.

The lab activities consist of vocabulary practice, speaking and listening comprehension activities, and a Dict-A-Conversation. Some chapters include an extra section for additional vocabulary practice. The lab section provides supplementary listening and oral production exercises to complement those in the text. The exercises include formation exercises, true/false and multiple-choice exercises, task-based listening activities, and personalized questions. The last section is a dictation practice activity that will allow you to further hone both your listening and writing skills.

Chapter 1

第一課
だい　か

Health

健康
けん　こう

Workbook Activities

単語の練習　Vocabulary Practice
たん ご　れんしゅう

A. Draw a line from the nouns in column A to the in column B it should go with.

■ Example: A　　　　　　　　B

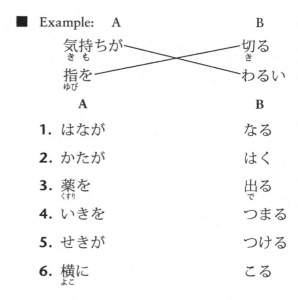

気持ちが　　　　　　　切る
き も　　　　　　　　　　き
指を　　　　　　　　　　わるい
ゆび

　　　　A　　　　　　　　　**B**

1. はなが　　　　　　　　なる

2. かたが　　　　　　　　はく

3. 薬を　　　　　　　　　出る
くすり　　　　　　　　　で

4. いきを　　　　　　　　つまる

5. せきが　　　　　　　　つける

6. 横に　　　　　　　　　こる
よこ

B. Fill in the parentheses with the appropriate word from the list below.

a. たばこ b. 歯 c. むり d. けが e. けんこう f. 忘れ g. はかり
は   わす

■ Example: ここで（　a　）をすわないで下さい。

1. 熱がありそうなので、熱を（　　）ました。
ねつ　　　　　　　　　ねつ

2. 子供の時よくスポーツをして（　　）をしました。

3.（　　）が痛いから、ごはんを食べたくありません。
いた

4. 一日二回、薬を飲むのを（　　）ないで下さい。
くすり

5. 私は（　　）に気をつけているので、毎日走っています。
はし

6. 昨日の晩、（　　）をして、気分がわるくなりました。
き ぶん

C. しつもんにこたえて下さい。

1. よく風邪をひきますか。
　　　（かぜ）
　　　_____

2. おなかが痛い時、何をしますか。
　　　　　　（いた）
　　　_____

3. 病気でじゅぎょうを休んだことがありますか。その時、どんなしょうじょうが
　　　（びょうき）
　　　ありましたか。
　　　_____

4. 今、体の中で痛いところがありますか。どうして痛いですか。
　　　　　（からだ）　　（いた）　　　　　　　　　　　（いた）
　　　_____

5. 今、つかれていますか。どうしてですか。

　　　_____

I. Expressing capability using the potential form of verbs

A. Fill in the following chart.

	て-form	Potential Forms Present		Potential Forms て-form
		Affirmative	**Negative**	
寝る	寝て	寝られる	寝られない	寝られて
飲む				
およぐ				
すう				
下げる さ				
話す				
忘れる わす				
切る き				
来る	*	*	*	*
する				

* Write all forms in hiragana.

B. Match each word from the word bank to its corresponding picture. Also, change the word into the both the affirmative and negative potential form.

走る　　もらう　　とる　　書く　　あける　　うごかす　　する
はし

■ Example: 手紙が<u>書ける / 書けない</u>
　　　　　がみ

1. 口が_____

2. プレゼントが_____

3. 入院_____
　にゅういん

4. 体が_____
　からだ

5. _____

6. しゃしんが_____

C. Complete the dialogues by filling in the parentheses with the correct particles, and write the most appropriate verbs from the chart below in the blanks. Change the verbs into potential forms. You need to pay attention to the verb tense. Note: do not use the particle は.

■ Example:　A: このかんじ (が) <u>読めますか</u>。

　　　　　　B: いいえ、<u>読めません</u>。

読む	出す だ	あそぶ
会う	買う	起きる
歩く ある	する	来る

1. A: おいしいパンが食べたいんですが、どこでおいしいパン（　　）_____。

　　B: 大学の前のスーパー（　　）_____。

2. 学生：先生、すみません。今日のしゅくだいを忘れました。

　　　先生：そうですか。じゃあ、金曜日（　　）_____。

　　　学生：はい、_____と思います。

3. A: 明日九時（　　）ここ（　　）_____。

　　 B: はい。

4. さとうさん（　　）会いたかったんですが、昨日（　　）パーティでは、
さとうさん（　　）_____。

5. A: 毎日　朝早く_____。

　　 B: いいえ、ちょっと…。

6. A: どうしたんですか。

　　 B: 足がいたくて、_____んです。

7. A: 大学のりょう (*dorm*) で、せんたく（　　）_____ ？

　　 B: うん、_____よ。でも、お金がいるんだ。

8. A: 冬休みは、どうだった？

　　 B: アルバイトをしたからぜんぜん友達（　　）_____んだ。

D. Describe what each of your family members and friends can and cannot do. Try to use different verbs for each description.

■ Example:　私の父はゴルフは出来ますが、スキーは出来ません。

1. _____

_____

2. _____

_____

3. _____

_____

II. Expressing excessiveness using 〜すぎる

A. Complete each sentence with the appropriate word choice + すぎる.

■ Example: この本はむずかしすぎて、ぜんぜん分かりません。
　（おもしろい　むずかしい　こわい）

1. 昨日は_____から、今日は足が痛いです。
　（走る　切る　すう）
　　はし　き

2. 図書館は_____て、私は好きじゃありません。
　　としょかん
　（べんり　いや　しずか）

3. このじてんしゃは 10 万円です。_____と思います。
　（よわい　高い　多い）

4. スミスさんは今日もじゅぎょうに来ませんでした。スミスさんはじゅぎょうを

　_____。

　（休む　出す　つかれる）
　　　　だ

5. このカレーライスは_____から、子供も食べられます。
　（熱い　冷たい　からい）
　　あつ

B. Complete the following sentences using すぎる and other appropriate expessions.

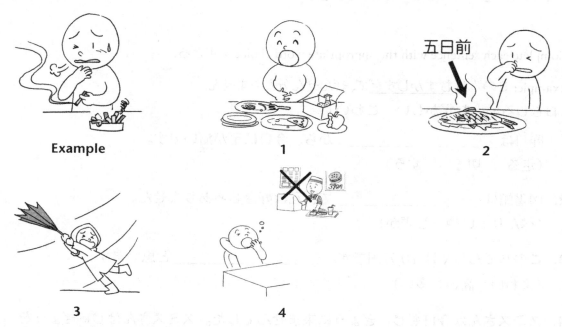

Example

1

2

五日前

3

4

■ Example: たばこを<u>すいすぎる</u>のは、<u>体によくないです</u>。
からだ

1. A: 鈴木さんのりょうりはどうでしたか。
すず

　　 B: とても＿＿＿＿＿＿＿＿＿＿から、＿＿＿＿＿＿＿＿＿＿＿＿。

2. このさかなは＿＿＿＿＿＿＿＿＿から、＿＿＿＿＿＿＿と思います。

3. 風＿＿＿＿＿＿＿＿＿て、かさ＿＿＿＿＿＿＿＿＿＿＿＿＿。

4. 夏休みはアルバイトを＿＿＿＿＿＿＿ので、＿＿＿＿＿＿＿＿＿＿＿。

III. Giving suggestions using 〜たらどうですか and 〜方がいいです

A. Each of the following people has a problem. Give suggestions or advice, using 〜たらどうですか. Choose the correct degree of politeness based on the situation.

■ Example:　田中：かんじがむずかしくて、よく分からないんです。

　　　　　　小山：かんじの辞書を買ったらどうですか。
　　　　　　　　　　　　じ

1. 中西：のどが痛いんです。
　　　　　　　　いた

　　古川：薬_____。
　　　　　くすり

2. 田口：風邪をひいて、熱があるんです。
　　　　　かぜ　　　　　ねつ

　　三上：今日のじゅぎょう _____。

3. 健一：アレルギーがひどいんだ。
　　　　けん

　　ゆかり：医者_____ ？
　　　　　　いしゃ

4. あつ子：とてもつかれているんだ。

　　あなた (you)：_____ ？

B. Fill in the blank with either 〜た方がいい or 〜ない方がいい using the appropriate word from the list below.

休む　　行く　　帰る　　うごかす　　聞く　　うたう

■ Example:　学生：先生、ちょっと気分がわるいんですが。
　　　　　　　　　　　　　　　　　き ぶん

　　　　　　先生：じゃあ、帰った方がいいですよ。

1. 山田：せきが出ます。
　　　　　　　で

　　大川：じゃあ、うたは_____ですね。

2. 田中：さいきん、ストレスがあります。

　　水本：じゃあ、少しゆっくり_____よ。

3. リー：このしゅくだい、むずかしくて分からないね。

　　スミス：そうだね。先生に_____ね。

4. ひろし：足がひどく痛いんだ。
　　　　　　　　　　いた

　　トム：本当？　あまり足を_____よ。それから、
　　　　　とう

　　　　　早く病院に_____。
　　　　　はや　びょういん

C. Complete the following conversations using 〜方がいい. Choose the correct level of politeness for the situation being depicted.

1. 山川： 先生、どうでしょうか。

   医者： 熱がありますね。風邪ですね。

   山川： しごとがいそがしくて、ぜんぜん休めなかったんです。

   医者： あまり _____ よ。よく _____ ね。

   山川： はい。

2. ホワイト： しょうらい (in the future)、日本でしごとがしたいんですが、どうしたら いいでしょうか。

      安田： そうですか。キャリアフォーラム (career forum)_____。

            それから、日本語の履歴書 (resumé)_____。

   ホワイト： そうですね。

3. 山本： 顔色がわるいね。どうしたの？

   中川： 朝の４時まで、しけんの勉強していたんだ。

   山本： 大変だったね。今日は早く_____よ。それから、

         _____。

   中川： うん。そうだね。そうする。

IV. Making a negative request using 〜ないで下さい

A. Complete the following dialogues using 〜ないで下さい.

1. 学生がきょうしつで、サンドイッチを食べています。

先生：きょうしつでサンドイッチを_____。

学生：あっ、すみません。

2. びじゅつかんにいます。

おきゃくさん：あのう、しゃしんをとりたいんですが、いいですか。

けいびいん (security guard)：すみませんが、びじゅつかんの中ではしゃしんを

_____。

3. 図書館にいます。学生は大きいこえで話しています。

図書館の人：しずかにして下さい。ここで大きいこえで_____。

学生：はい、分かりました。すみませんでした。

B. Imagine you are a doctor in Japan. You have patients who have the symptoms described below. After you diagnose the illness, you will make a negative request using 〜ないで下さい.

■ Example:

Patient：しょうじょう - 熱が高い

医者：インフルエンザ (flu) ですから、お風呂に入らないで下さい。

1. Patient A：しょうじょう - せきが出る

医者：風邪ですから、_____。

2. Patient B：しょうじょう - 足が痛い

医者：ねんざ (sprain) ですから、_____。

3. Patient C：しょうじょう - おなかが痛い

医者：食中毒 (food poisoning) ですから、_____。

V. Expressing unacceptable actions or situations using 〜てはいけない; asking for and giving permission using 〜てもいい

A. Think of things that are not acceptable in the situations or places described below. Complete each sentence using 〜ては（ちゃ・じゃ）いけない／だめ. Choose the correct degree of politeness based on the situation.

1. テストの時

　　学生：辞書をつかいたいんですが、いいですか。
　　　　じ

　　先生：テストですから、＿＿＿＿＿＿＿＿＿＿＿＿＿＿＿＿＿＿＿＿＿＿＿。

2. でんしゃの中で

　　アリス：電話したいんだけど。
　　　　　でん

　　道子：でんしゃの中で＿＿＿＿＿＿＿＿＿＿＿＿＿＿＿＿＿＿＿＿＿＿。

3. スミス：明日、大学のとなりのこうえんで、サッカーしませんか。

　　田中：あのこうえんでは＿＿＿＿＿＿＿＿＿＿＿＿＿＿＿＿＿＿＿＿。

　　スミス：えっ、そうなんですか。

B. Ask each of the following people for permission using 〜てもいいですか／てもいいでしょうか／てもかまいませんか. Choose the correct degree of politeness based on the situation.

■ Example: ルームメイト

　　あなた (you): 今晩、へやでパーティしてもいい？

　　ルームメイト：うん、いいよ。

1. 医者
　　　い　しゃ
　　あなた (you)：＿＿＿＿＿＿＿＿＿＿＿＿＿＿＿＿＿＿＿＿＿＿＿

　　医者：そうですね。いいですが、あまりむりをしないで下さい。
　　い　しゃ

2. 日本語の先生

　　あなた (you)：＿＿＿＿＿＿＿＿＿＿＿＿＿＿＿＿＿＿＿＿＿＿＿

　　日本語の先生：それは、ちょっと。

3. あなた (you) のお父さん／お母さん

　　あなた (you)：＿＿＿＿＿＿＿＿＿＿＿＿＿＿＿＿＿＿＿＿＿＿＿

　　お父さん／お母さん：いいよ。

C. Fill in the blanks with appropriate phrases using either 〜てもいいです／てもいいでしょう／てもかまいません or 〜ては (ちゃ・じゃ) いけません／てはだめです. Choose the correct degree of politeness based on the situation.

1. 学生：先生、はっぴょう (*presentation*) の時、メモ (*memo*) を＿＿＿＿＿＿＿＿＿＿＿
＿＿＿＿＿＿。

先生：ええ、いいですが、スクリプト (*script*) を
＿＿＿＿＿＿＿＿＿＿＿＿＿＿＿＿＿＿＿＿＿。

2. 石田：アメリカで二十の人が、おさけを＿＿＿＿＿＿＿＿＿＿＿＿＿＿＿？
　　　いし　　　　　　　　はたち

上田：ううん、＿＿＿＿＿＿＿＿＿＿＿＿＿＿＿。おさけが飲めるのは 21 さい
からよ。

3. 山下：先生、今晩、シャワーを＿＿＿＿＿＿＿＿＿＿＿＿＿＿＿。

医者：ええ、かまいませんよ。でも、のどがまだ (*still*) あかいですから、からい
いしゃ
食べ物は、＿＿＿＿＿＿＿＿＿＿＿＿＿＿＿＿＿。

4. 　　　　　　留学生：お母さん、明日友達を＿＿＿＿＿＿＿＿＿＿＿＿＿。
　　　　　　りゅう　　　　　　　　　　　　だち

ホストファミリー：明日は、ちょっと。明後日は？

留学生：はい、分かりました。じゃあ、明後日にします。
りゅう

5. アルバイトで

スミス：　すみません、来週なんですが、アルバイトを
＿＿＿＿＿＿＿＿＿＿＿＿＿＿＿＿＿。

店の人：　えっ、どうして、休みたいの？

スミス：　来週は、たくさんテストがあるので。

店の人：　そうか。じゃあ、＿＿＿＿＿＿＿＿＿＿＿＿。

Optional

D. Compete the sentences using 〜てはいけない／〜てもいい. Use the information below to complete
    questions 1 and 2. For question 3 compare your country with another country and complete the
    sentence.

	日本	アメリカ
■ Example: 中学校でアクセサリーをする。	×	○
1. ６さいより小さい子供が一人で家にいる。	○	×
2. 家の中にくつをはいて入る。	×	○

■ Example:　日本の中学校ではアクセサリーをしてはいけませんが、アメリカの中学校では
　　　　　　　アクセサリーをしてもいいです。

1. 日本 _____、

アメリカ _____。

2. 日本 _____、

アメリカ _____。

3. 私のくに_____、

_____は、 _____。
（くにの名前）

総合練習　Integration
そうごう れんしゅう

A.　Complete the following conversations using the appropriate phrases.

（きょうしつで）

　　本田：あれ、ブラウンさん、どう _____ ？　気分 _____ だね。

ブラウン：うん。風邪 _____ 、のど _____ んだ。
　　　　　　　かぜ

　　本田：大丈夫？　熱 _____ ？
　　　　　じょうぶ

ブラウン：うん、少し。昨日寒かったんだけど、そとでジョギングを _____ (too
　　　　　much) んだと思う。

　　本田：早く医者 _____ どう？　むり _____
　　　　　いいよ。

ブラウン：そうだね。じゃあ、後で (later) 行くよ。
　　　　　　　　　　あと

（病院で）

　　医者：どうしましたか。

ブラウン：昨日から、熱_____ んです。

　　医者：そうですか。熱だけですか。

ブラウン：いいえ、のど_____ 、何も_____ んです。

　　医者：じゃあ、のどをみますから、口を_____ 下さい。ああ、あかいですね。

ブラウン：風邪でしょうか。
　　　　　かぜ

　　医者：ええ、風邪ですね。
　　　　　　　　かぜ

ブラウン：先生、明日、大学のじゅぎょう_____ でしょうか。

　　医者：明日は_____ いいですよ。

ブラウン：お風呂_____ 。
　　　　　ふろ

　　医者：いいえ、お風呂_____ 下さい。
　　　　　　　　ふろ

ブラウン：はい、分かりました。

　　医者：じゃ、_____ 。

B. Your friend マイケル・スミス put a message on Facebook. Read the message and answer the questions.

みなさん、元気ですか。ぼくは一か月前から東京にある 大学 に留学して、日本語を勉強しています。東京の生活は楽しいですが、日本語の勉強はとても大変です。朝早く起きて、夜おそくまで勉強します。時々勉強しすぎて頭が痛くなります。先週はむずかしいテストがあったから、少しむりをしました。テストの後、気分がわるくなったので病院に行って薬をもらいました。だから、今は元気です。

ぼくのりょうは大学から歩いて行けるところにあります。ぼくのへやにはキッチンがありませんが、りょうの一階にキッチンがあるから、 そこ でりょうりが作れます。それから、インターネットもつかえるので、アメリカの家族と Skype で話せます。このりょうには外国から来た留学生がすんでいます。みんないい人ですが、でも、ちょっと英語を話しすぎると思います。ぼくは日本語が上手になりたいので、日本語をたくさん話したいんですが、 ここ ではみんな英語で話します。時々は英語を使ってもいいと思いますが、英語を話しすぎるのはよくないと思います。みなさんはどう思いますか。

留学する ＝ *to study abroad* りょう ＝ *dormitory*

1. Mark these statements with ◯ if they are true and with ✕ if they are false.

   a. (　) Smith sometimes has headaches because he studies too much.

   b. (　) Smith lives in a dormitory which is within walking distance from the campus.

   c. (　) Although Smith went to see a doctor, he is still not feeling well.

   d. (　) Smith thinks that exchange students should not be allowed to speak English at all in the dormitory.

2. 大学 is a noun that is modified by a preceding clause. Where does the modifying clause start?
   a. ぼくは　　b. 一か月　　c. 東京　　d. ある

3. Which of the following choices do these words refer to? Select from the choices presented.

   そこ　a. 大学　　　　b. りょう　　　c. ぼくのへや　　　d. 一階のキッチン

   ここ　a. 大学　　　　b. りょう　　　c. 東京　　　　　　d. 日本

4. スミスさんのもんだい (*problem*) は何ですか。

   _____

   _____

5. スミスさんは、どうしたらいいと思いますか。アドバイスを１つ書いて下さい。

   _____

   _____

書く練習　**Writing Practice**
れんしゅう

A. Look at the chart on pages 66–68 of your textbook and write each **kanji** ten times using the handwritten style.

病												
院												
医												
者												
体												
歯												
変												
熱												
薬												
顔												
色												
指												
切												
歩												
走												

強
勉
忘
早
持
痛
頭
横

B. Rewrite each sentence using kanji and hiragana.

1. からだにいいから、まいあさはやくおきて、いちじかんぐらいはしっています。

_____

2. おとうとはねつがあって、びょういんにいったそうです。

_____

3. べんきょうをしすぎて、あたまがいたくなったから、よこになりました。

_____

4. いちにちさんかい、くすりをのむので、がっこうにくすりをもっていきます。

_____

5. ゆびをきったから、あるいていしゃにいきました。

_____

6. はがいたいときは、チョコレートをたべてはいけません。

_____

7. ホワイトさん、かおいろがわるいですね。ちょっとやすんでください。

_____

8. たいへんだ！　にほんごのしゅくだい、わすれた。

_____

ラボの練習　Lab Activities
_{れんしゅう}

Part 1: Speaking and Listening Comprehension Activities

I.　Expressing capability using the potential form of verbs

A.　Listen to each of the following short sentences and say the affirmative and negative potential forms of their verbs. You will then hear the correct response. Repeat and then write the correct response.

■　You hear:　　　　　　病院に行く
　　　　　　　　　　　　_{びょういん}

　　You say:　　　　　　病院に行ける／行けない。
　　　　　　　　　　　　_{びょういん}

　　You hear:　　　　　　病院に行ける／行けない。
　　　　　　　　　　　　_{びょういん}

　　You repeat and write:　病院に行ける／行けない。
　　　　　　　　　　　　_{びょういん}

1. _____

2. _____

3. _____

4. _____

5. _____

B.　The following chart shows what Ueda and Smith can do and cannot do. (○ indicates things they can do and × indicates things they cannot do.) Listen to the recording and answer the questions based on the information provided.

	アリス上田	ジョン・スミス
1　朝、早く起きる。 _{はや}	○	×
2　りょうりをする。	×	○
3　30分間走る。 _{はし}	×	○
4　明日九時に大学に来る。	○	×
5　先週の週末、えいがを見る。	×	○

■ You hear: 上田さんは、朝、早く起きられますか。

You say: はい、起きられます。

You hear: はい、起きられます。

You repeat and write: はい、起きられます。

1. _____

2. _____

3. _____

4. _____

5. _____

C. Listen to each of the following questions in Japanese and write your answer.

■ You hear: どんなりょうりが出来ますか。
でき

You say and write: <u>スパゲティやカレーライスが出来ます。</u>
でき

1. _____

2. _____

3. _____

4. _____

II. Expressing excessiveness using 〜すぎる

A. Listen to the questions, and then answer using 〜すぎる.

■ You hear:　　　　　　シカゴの冬は寒すぎると思いますか。

　You say and write:　<u>はい、寒すぎると思います。</u>

　1. _____

　2. _____

　3. _____

B. Respond to the following questions using 〜すぎる.

■ You hear:　　　　　　スミスさん、たくさん買いましたねえ。

　You say:　　　　　　ちょっと買いすぎたかもしれませんね。

　You hear:　　　　　　ちょっと買いすぎたかもしれませんね。

　You repeat and write:　<u>ちょっと買いすぎたかもしれませんね。</u>

　1. _____

　2. _____

　3. _____

　4. _____

Name _____ Class _____ Date _____

III. Giving suggestions using ～たらどうですか and ～方がいいです

A. Listen to each of the following conversations and complete the statements in English.

■ You hear: A: どうしましたか。

B: 熱があるんです。
　　ねつ

A: 今日はしごとを休んだらどうですか。

You see: The woman suggests that the man _____

You write: The woman suggests that the man <u>take some time off work.</u>

1. The woman suggests that the man _____

2. The woman suggests that the man _____

3. The man suggests that the woman _____

4. The man suggests that the woman _____

B. Listen to what is being said and choose an appropriate suggestion based on the illustrations below, then make either a positive suggestion using ～たらどうですか or a negative suggestion using ～ない ほうがいいですよ. Choose the correct degree of politeness based on the situation.

■ Example: You hear: おなかが痛くて。
　　　　　　　　　　　　　　いた

You look at the illustrations and say: そうですか。<u>横になったらどうですか。</u>
　　　　　　　　　　　　　　　　　　　　　　　　よこ

a

b

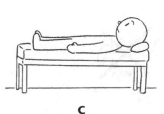
c

You hear: そうですか。横になったらどうですか。
　　　　　　　　　　　　　　　　　　　よこ

You repeat and write: そうですか。<u>横になったらどうですか。</u>
　　　　　　　　　　　　　　　　　　　　　　よこ

1. じゃあ、＿＿＿＿＿＿＿＿＿＿＿＿＿＿＿＿＿＿＿＿＿＿＿＿＿。

a

b

c

2. 大変ですね。＿＿＿＿＿＿＿＿＿＿＿＿＿＿＿＿＿＿＿＿＿＿＿。
へん

a

b

c

3. じゃあ、＿＿＿＿＿＿＿＿＿＿＿＿＿＿＿＿＿＿＿＿＿？

a

b

c

4. 今晩は＿＿＿＿＿＿＿＿＿＿＿＿＿＿＿＿＿＿＿＿＿。

a

b

c

IV. Making a negative request using 〜ないで下さい

Listen to the conversations and write what the first speaker says. Then complete the second speaker's speech using 〜ないで下さい.

■ You see: 病院で
　　　　　　びょういん

　かんじゃ (*patient*)：_____

　　　　　　医者：_____
　　　　　　いしゃ

You hear:　　　　　おさけが飲みたいんですけど…。

You repeat and write:　かんじゃ (*patient*)：<u>おさけが飲みたいんですけど…。</u>

You say:　　　　　医者：頭が痛い時は、おさけを飲まないで下さい。
　　　　　　　　　　いしゃ　あたま　いた

You hear:　　　　　頭が痛い時は、おさけを飲まないで下さい。
　　　　　　　　　あたま　いた

You repeat and write:　頭が痛い時は、<u>おさけを飲まないで下さい。</u>
　　　　　　　　　　　あたま　いた

1. 病院で
　　　びょういん
　　かんじゃ (*patient*)：_____。

　　　　　　医者：熱が高いですから、_____。
　　　　　　いしゃ　ねつ

2. 病院で
　　　びょういん
　　　男の人：_____。

　　病院の人：ここで、_____。 そとで、おねがいします。
　　びょういん

3. えきで

　　　　　女の人：_____。

　　えきいん (*station attendant*)：いいえ、_____。 となりの
でんしゃです。

4. 学校で

　　学生：_____。

　　先生：ええ、そうですよ。みなさん、_____。

This page appears to be blank with faint show-through from the reverse side.

V. Expressing unacceptable actions or situations using 〜てはいけない; asking for and giving permission using 〜てもいい

A. Listen to what the first speaker says and write it in the blank. Then complete the second speaker's speech using 〜ては（ちゃ・じゃ）いけない／だめ. Choose the correct degree of politeness based on the situation.

■ You see: えきで

A: _____

B:_____ えきの中はきんえん (*no-smoking*) だよ。

You hear: たばこをすいたいんだけど。

You repeat and write: A: <u>たばこをすいたいんだけど。</u>

You say: B: すっちゃだめだよ。えきの中はきんえん (*no-smoking*) だよ。

You hear: すっちゃだめだよ。えきの中はきんえんだよ。

You repeat and write: <u>すっちゃだめだよ。えきの中はきんえんだよ。</u>

1. 友達の家で
だち
A: _____。
B: _____。ルームメイトのだから。

2. 病院で
びょういん
かんじゃ (*patient*)：_____。

医者：_____。よくなりませんから。
いしゃ

3. こうえんで
A: _____。
B:_____。小さい子供がいますから。

4. クラスで
A: _____。
B: _____。何も見ないで下さい。

B. Listen to the beginning of each sentence, then complete the sentence using 〜てもいいです／いいでしょう／かまいません. Choose the correct degree of politeness based on the situation.

■ You hear:　　　　　　先生、明日のじゅぎょうを休みたいんですが、

You say:　　　　　　休んでもいいでしょうか。

You hear :　　　　　　休んでもいいでしょうか。

You repeat and write: <u>休んでもいいでしょうか。</u>

1. _____

2. _____

3. _____

4. _____

Optional

C. Listen to the dialogue or monologue and answer the questions.

■ You hear : A: 先生、Philadelphia がカタカナで書けないんですが、英語で書いてもいいですか。
　　　　　　B: ええ、まちの名前は、英語で書いてもかまいませんよ。
　　　　　　A: ありがとうございます。
　　　　　　B: でも、じゅぎょうで勉強したカタカナは英語で書いてはだめですよ。

You hear: この人は何を英語で書いてはいけませんか。

You say and you write: <u>じゅぎょうで勉強したカタカナは英語で書いてはいけません。</u>

1. _____

2. _____

3. _____

Part 2: Dict-A-Conversation

スミスさんは田口さんに会いました。田口さんはちょっと顔色がわるいです。
<small>かおいろ</small>

スミス： _____

　田口： _____

スミス： _____

　田口： _____

スミス： _____

　田口： _____

スミス： _____

　田口： _____

Chapter 2
第二課
だい　か
Travel Plans

旅行の計画
りょ　けい　かく

Workbook Activities

単語の練習　Vocabulary Practice
たん　ご　れんしゅう

A. Draw a line from the nouns in column A to the verb in Column B it should go with.

■ Example:　　A　　　　　　　　　B

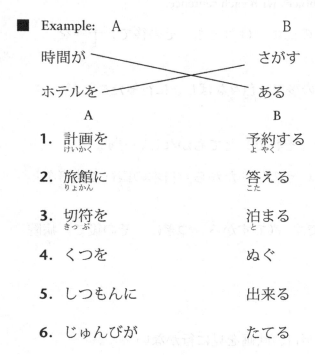

時間が　　　　　　　　　　さがす

ホテルを　　　　　　　　　ある

　　　　A　　　　　　　　　　B

1. 計画を　　　　　　　　　予約する
　　けいかく　　　　　　　　　よ　やく

2. 旅館に　　　　　　　　　答える
　　りょかん　　　　　　　　　こた

3. 切符を　　　　　　　　　泊まる
　　きっぷ　　　　　　　　　　と

4. くつを　　　　　　　　　ぬぐ

5. しつもんに　　　　　　　出来る

6. じゅんびが　　　　　　　たてる

B. Fill in the parentheses with the appropriate word from the list below.

> a. 空港　b. お土産　c. かんこう　d. 予定　e. はらって　f. しらべて　g. 出て
> 　　くうこう　　　みやげ　　　　　　　　　　よてい

■ Example: 家を朝９時に（　g　）、図書館に行きました。
　　　　　　　　　　　　　　　と　かん

1. （　　　）は飛行機が着くところです。
　　　　　　ひ　き　つ

2. きょうとには、たくさんの外国の人が（　　　）しに行きます。
　　　　　　　　　　　　　　　がいこく

3. ガイドブックでおいしいレストランを（　　　）下さい。

4. クレジットカードでお金を（　　　）もいいですか。
　　　　　　　　　　　　かね

5. 週末は日帰りで、みずうみにあそびに行く（　　　）です。
　　　　ひがえ

6. 旅行に行って、友達に（　　　）を買いました。
　　りょ　　　　　だち

C. Select the most appropriate conjunctions from the choices with each sentence.

1. 来週、有名なレストランに行きます。（その前に　けれども　その後で）予約を
　　　　ゆうめい　　　　　　　　　　　　　　　　　　　　　　　　　　　よやく
しましょう。

2. 旅行が大好きです。（だけど　だから　その後で）色々なばしょに行ったことが
　りょ　　　　　　　　　　　　　　　　　　　　　いろいろ
あります。

3. 先週しつれんしました。（その間に　また　それで）とてもかなしいです。

4. 日本語を勉強しています。（ところで　というのは　だから）日本の銀行で仕事をし
　　　　　　　　　　　　　　　　　　　　　　　　　　　　　　　ぎん　しごと
たいからです。

5. 熱があります。それから、おなかも痛いです。（ですから　つぎに　その後で）病院
に行きます。

6. A: 今日のクラスはむずかしかったね。

   B: そうだね。

   A: （まずはじめに　つぎに　ところで）明日、映画を見に行かない？
　　　　　　　　　　　　　　　　　　　　　えいが

   B: うん。いいよ。

Optional

D. しつもんに日本語で答えて下さい。
   <ruby>答<rt>こた</rt></ruby>

   1. 今すんでいるばしょはべんりですか。どうしてですか。

   _____

   2. 旅行の時、どんな物を持って行きますか。
   りょ　　　　　　もの

   _____

   3. 日本で温泉に行ったり、旅館に泊まったりしたことがありますか。
   おんせん　　　　　りょかん　と

   _____

   4. けいたい（電話）をつかって、どんなことをしますか。
   でん

   _____

I. Expressing intention using the volitional form of the verb ＋と思う

A. Complete the following chart. All verbs should be in the plain form.

Dictionary Form	Verb class (る/う/irr.)	Present Negative	Past Affirmative	Past Negative	Volitional Form
食べる	る -verb	食べない	食べた	食べなかった	食べよう
しらべる					
さがす					
答える <small>こた</small>					
つかう					
出る <small>で</small>					
来る		*	*	*	*
着く <small>つ</small>					
予約する <small>よやく</small>					
はらう					

* Write all forms in **hiragana**

B. Complete the following sentences using the volitional form of the verb ＋と思います／と思っています.

■ Example: さとう：日曜日は何をしますか。

　　　　　 鈴木：天気がよさそうだから、散歩をしようと思います。
　　　　　 <small>すず</small>　　　　　　　　　　　　　　　　<small>さん</small>

1. 田中：リーさん、ちょっと顔色がわるいですね。

   リー：ちょっとおなかが痛いから、_____。

2. アリス：夏休み、何するの？

   道子：そうね。時間がたくさんあるから、_____。
   <small>みち</small>

3. 先生：週末は何か予定がありますか。
   　　　　　　　　<small>よてい</small>

   学生：はい、あります。来週、テストがあるから、_____。

4. 　川田：アリスさんの妹さんは、フランス語を勉強しているそうですね。

   アリス：ええ、妹は_____から、今アメリカの
   　　　　大学でフランス語を勉強しています。

II. Expressing intention and plans using the plain present form of the verb + つもり or 予定
よ てい

A. Look at the chart below and complete the following dialogues with 〜つもり or 予定. A double circle
(◎) indicates a definite plan, and a single circle (◯) indicates an intention.
よ てい

Example	1. 私	2. 家族	3. 姉
◯弟と映画を 見る えい が	◎日帰りでみずう ひ がえ みに行く	◎国内旅行をする こくないりょ	◯アメリカにすむ
◎田中さんと レストランに 行く	◯くるまで行く	◯旅館に泊まる りょかん　と	◎けっこんする
	◯しゃしんをとる	◯二泊する に はく	

■ Example: A: 今晩、一緒にパーティに行きませんか。
　　　　　　　　　しょ
　　　　　　B: すみません。今晩は田中さんとレストランに行く予定があって、
　　　　　　　　その後、弟と映画を見るつもりなので、今日はちょっと…。
　　　　　　　　　　　　　　えい が　　　　　　　　　　　よてい

1. 先生：週末は、何か_____か。

　　私：　はい、クラスの友達と_____。
　　　　　　　　　　　　だち

　　先生：いいですね。でんしゃで行きますか。

　　私：　いいえ、友達の_____。私はしゃしんが好き
　　　　　　　　　　だち

　　　　なので、たくさんスマホで_____。

　　先生：じゃあ、月曜日にしゃしんを見せて下さいね。

2. 　私：来月、家族で_____よ。

　　道子：国内旅行ですか。いいですね。
　　みち　こくないりょ

　　私：温泉が好きなので、_____。
　　　　おんせん

　　道子：何泊ぐらい_____か。
　　みち　なんぱく

　　私：父が休めるのは金曜日と土曜日だから、_____。

3. 姉は来年、アメリカ人と_____。その後、

　_____。だから、姉は今じゅんびでとてもいそがしいです。

B. しつもんに答えて下さい。

1. 今年、日本に行く予定がありますか。

   _____

2. つぎの学期も日本語を勉強するつもりですか。

   _____

3. 来月どんな予定がありますか。

   _____

4. 今晩、何をするつもりですか。

   _____

III. Expressing occasion and time using 時

A. Choose the correct form with 時.

1. 日本に（行く／行った）時、パスポートをとりました。

2. 日本の家に（入る／入った）時、くつをぬいで下さい。

3. A: ホテルに（着く／着いた）時、へやから電話してくれない？

   B: うん、分かった。

4. まちに（出かける／出かけた）時、デパートで先生を見ました。

5. 飛行機の切符を（予約する／予約した）時、クレジットカードの番号 (number) がいると思います。

B. Complete the following sentences using 〜時. For 1—3 use the pictures to complete the sentences. For 4 and 5 create your own answers.

■ Example:

日本に行く時、パスポートをとります。

1.

_____、けがをしました。

2.

_____、シャワーをあびます。

3.

_____、おさけを飲んではいけません。

4. 友達が家にあそびに来る時、_____。
     だち

5. 日本に行った時、_____たいです。

Optional

C. Combine the following sentences using 時.

■ Example:　妹が日本に行きます。その時、妹の友達も一緒に行くそうです。
　　　　　　　　　　　　　　　だち　　しょ
　　　　　　　妹が日本に行く時、妹の友達も一緒に行くそうです。
　　　　　　　　　　　　　　　　だち　しょ

1. 日本に行きます。その時、きょうとかんこうしたいです。

_____

2. 弟が風邪をひきました。その時、私は弟と病院に行きました。
　　　　か ぜ

_____

3. 旅行に行きました。その時、新しいスーツケースを買いました。
　　 りょ

_____

4. 三時間うんどうをしました。その時、とてもつかれました。

_____

5. 家にもどりました。その時、両親はいませんでした。

_____

IV. Using もう and まだ

A. Fill in the blanks with もう or まだ.

■ Example: A: <u>もう</u>朝ごはんを食べましたか。

B: ええ、食べました。

1. A: _____帰らないんですか。

   B: ええ、しごとがあるんです。

2. A: アルバイトはどうしたんですか。やめたんですか。

   B: ええ、大学の勉強がいそがしすぎるので、_____していません。

3. A: おはよう。アリス、どこ？

   B: _____寝てるよ。昨日 おそくまで勉強していたから。

4. A: 風邪は _____ よくなりましたか。
     かぜ

   B: いいえ、_____ 薬を飲んでいます。

5. A: 山田さんはその本を_____持っているんですか。

   B: ええ、とても好きなんだそうです。

6. A: 外は _____ 雨がふっていますか。
     そと

   B: いいえ、_____ふっていません。でも、風は強いですよ。

B. Complete the following dialogues using appropriate verb endings.

■ Example: A: もう新しいくるまを<u>買いましたか</u>。（買う）
              B: いいえ、まだ<u>買っていません</u>。（買う）

1. A: どうしてもう＿＿＿＿＿＿んですか。(食べる)

    B: 今朝、ちょっと食べすぎたので…。

2. A: キムさんはまだホストファミリーと一緒に＿＿＿＿＿＿＿＿＿＿。(すむ)

    B: いいえ、もう　＿＿＿＿＿＿＿＿＿＿。(すむ)

3. A: あれ、川口さんがいませんね。

    B: もう＿＿＿＿＿＿＿＿よ。(出かける)

4. A: 先生、すみません。今日のしゅくだいがまだ ＿＿＿＿＿＿＿＿ん
        ですが…。(出来る)

    B: じゃあ、今日出さなくてもいいですよ。明日出して下さい。

5. A: 旅行の計画、もう ＿＿＿＿＿？（きめる）
        りょ けいかく

    B: ううん、まだ計画を ＿＿＿＿＿＿＿んだ。（たてる）
           けいかく

V. Expressing conditions and sequence using 〜たら

A. Create questions by changing the first statement into a たら clause. Then answer the questions.

■ Example: 日本語が上手になる／何が出来る？

A: <u>日本語が上手になったら、何が出来る</u>と思いますか。

B: <u>日本語の先生になれると思います。</u>

1. お金_{かね}がたくさんある／何がしたい？

A: _____ですか。

B: _____

2. いそがしくない／何がしたい？

A: _____思いますか。

B: _____

3. 明日いい天気／何をしようと思う？

A: _____思いますか。

B: _____

4. 男 or 女／何がしたい？

A: _____たいですか。

B: _____

B. The たら clause can express ア）a condition, イ）an actual sequence of events without introducing a condition, or ウ）the speaker's surprise or realization of an unexpected event. These functions are shown in the sentences below.

ア．明日天気がよかったら、こうえんを走ります。
イ．二時になったら、クラスがはじまります。
ウ．家を出たら、雨がふっていた。

Read the sentences below, and indicate whether the use of「〜たら」in each sentence is that in ア）, イ）, or ウ）.

■ Example:（　イ　）　日本では 15 さいになったら、高校に入ります。

  1.（　　　）美術館に行ったら、日本語の先生がいました。

  2.（　　　）金曜日はクラスがおわったら、友達と映画を見に行きます。

  3.（　　　）今晩、家に帰ったら、しゅくだいをします。

  4.（　　　）かんじが少なかったら、日本語の勉強はもっとやさしいと思います。

  5.（　　　）飛行機に乗ったら、気分がわるくなりました。

C. Complete the following dialogue using 〜たら + the verb past tense. Make sure the event in the main clause cannot be controlled by the speaker and express surprise or realization.

■ Example:　　A: 昨日、家に帰ったら、プレゼントがあったんです。

　　　　　　　　B: プレゼントですか。

　　　　　　　　A: ええ、母からの誕生日プレゼントでした。

  1. A: どうしたんですか。

     B: ぎゅうにゅうを_____、_____んです。

     A: ぎゅうにゅうが古かったのかもしれませんね。

  2. 健一：あれ、トム、日本語のクラスに行かないの？
     トム：クラスに_____、_____んだ。
     健一：えっ、クラスがないの？
     トム：うん。今日は先生が病気で来られないから、クラスは休みになったよ。

  3. アリス：田中先生、知っていますよね。
     さとう：ええ、日本語の先生ですよね。
     アリス：ええ、そうです。昨日_____、_____
     　　　　んです。
     さとう：へえ、田中先生、イタリアの食べ物が好きなんですね。

総合練習　Integration
そうごう れんしゅう

A. リサ・ジョーンズさんは日本語でフェイスブックにメッセージを書きました。下のメッセージを読んで、しつもんに答えて下さい。

Lisa Jones

　みなさん、元気？　私の大学生活はいそがしくて大変ですが、今、私は冬休みの旅行の計画をたてています。冬休みは友達のアリスさんに会いに日本に行く予定です。（　①　）東京に行ってアリスさんに会って、（　②　）京都に行くつもりです。クリスマスは両親の家に帰るので、十二月二十七日にニューヨークを出て、二十八日に成田空港に着く飛行機を予約しようと思っています。東京のホテルをインターネットでしらべましたが、高すぎて泊まれないと思います。（　③　）アリスさんのアパートに泊まるかもしれません。東京ではアリスさんと買い物をしたり、博物館へ行ったりしたいですね。京都はおてらが有名だから、かんこうしたり、アメリカにいる友達にお土産を買おうと思っています。京都のホテルも [　A　] きめていません。安い旅館があったら、そこに泊まりたいと思います。みなさん、京都のいい旅館を知っていますか。それから、一月九日まで日本にいますから、日本にいる人、日本で会いましょう！

1. Which is more appropriate for [　A　]? Circle one.

もう ／ まだ

2. Choose the most appropriate conjunctions for ①〜③.

その前　　まずはじめに　　つぎに　　だから　　けれども　　つぎに

①_____　　②_____　　③_____

3. What does そこ refer to? Choose from the following list.

a. おてら　　b. 京都　　c. 京都のホテル　　d. 安い旅館

4. 飛行機 is a noun that is modified by a preceding clause. Where does the modifying clause start?

a. 十二月二十七日〜　　b. ニューヨークを出て〜　　c. 二十八日〜　　d. 成田空港に〜

5. ○×をつけなさい (*to put*)。（○ = True, × = False)

( ) ジョーンズさんの大学はもう冬休みがはじまっている。

( ) 東京のホテルは高いから、ジョーンズさんはお金をはらえないと思っている。
きょう

( ) ジョーンズさんは、東京でお土産を買おうと思っている。
きょう　みやげ

( ) ジョーンズさんは、京都のいい旅館を知っている。
きょうと

( ) ジョーンズさんは、二週間ぐらい日本にいる予定だ。

Optional

B. リサ・ジョーンズさん is making a phone call to the Kinoshita Inn in Kyoto to make a reservation. Complete the following dialogue.

旅館の人： はい、旅館木下でございます。
きのした

ジョーンズ： あのう、すみません。＿＿＿＿＿＿＿＿＿＿＿＿＿＿＿＿＿たいんですけど。

旅館の人： ご予約でございますね。ありがとうございます。いつお泊まりでしょうか。

ジョーンズ： 1月5日から7日まで＿＿＿＿＿＿＿＿＿＿＿＿＿思っているんですけど。

旅館の人： お一人ですか？

ジョーンズ： ええ、そうです。一泊は＿＿＿＿＿＿＿＿＿＿＿＿か。

旅館の人： 一泊6,500円＿＿＿＿＿＿、二泊で13,000円でございます。

ジョーンズ： そうですか。あの、たばこ＿＿＿＿＿＿＿＿＿＿＿＿＿か。

旅館の人： もうしわけありません (*I am sorry*)。たばこは＿＿＿＿＿＿＿＿＿＿＿んですが、よろしいですか。

ジョーンズ： あ、分かりました。大丈夫です。じゃあ、そのへやをおねがいします。京都
じょうぶ　　　　　　　　　　　　　　　　　　　　　　　　　　　　　　　きょうと
駅から＿＿＿＿＿＿＿＿＿＿＿＿＿＿＿か。
えき

旅館の人： そうですね、歩いて十五分ぐらいですが、駅＿＿＿＿＿＿＿＿＿＿＿時に、
えき
お電話をかけて下さいませんか。旅館のくるまが駅に行きますので。
でん　　　　　　　　　　　　　　　　　　　　　　えき

ジョーンズ： それはいいですね。駅＿＿＿＿＿＿＿ら、電話します。
えき　　　　　　　　　　でん

書く練習 **Writing Practice**
れんしゅう

A. Look at the chart on pages 113–114 of your textbook and write each **kanji** ten times using the handwritten style.

海											
外											
国											
旅											
館											
予											
定											
約											
計											
画											
荷											
物											
答											
知											
泊											

乗着名空港森林々

B. Rewrite each sentence using **kanji** and **hiragana**.

1. かいがいりょこうだから、いろいろもっていくにもつがおおいんです。

_____

2. ヨーロッパのくににいったとき、とてもふるいホテルにとまりました。

_____

3. もりさんとはやしさんはしゅうまつ、でんしゃにのってボストンにいくよていです。

_____

4. りょかんのよやくをするのを、わすれないでください。

_____

5. イベントのけいかくをはやくたてたほうがいいです。

_____

6. くうこうについたら、さむかったので、セーターをきました。

_____

7. あのがくせいのなまえをしりません。

_____

8. しつもんには、にほんごでこたえてください。

_____

ラボの練習　Lab Activities
<ruby>練習<rt>れんしゅう</rt></ruby>

Part 1: Speaking and Listening Comprehension Activities

I. Expressing intention using the volitional form of the verb ＋と思う

A. Change the verbs in the sentences you hear into their volitional form and add と思います. Then write the new sentence.

■ You hear:　日本に行く。

　You say:　　日本に行こうと思います。

　You hear:　日本に行こうと思います。

　You write: <u>日本に行こうと思います。</u>

1. _____

2. _____

3. _____

4. _____

5. _____

B. Answer each question with volitional form + と思う.

■ You hear:　　　　　　今晩、何をしますか。

　You say and write:　<u>家で映画を見ようと思います。</u>
　　　　　　　　　　　　　　<ruby>映画<rt>えいが</rt></ruby>

1. _____○

2. _____○

3. _____○

ラボの練習　Lab Activities

II. Expressing intention and plans using the plain present form of the verb + つもり or 予定
よてい

A. Answer each question with 〜つもりです or 〜予定です. Then write your answer.
よてい

■ You hear:　　　　　　今晩、何をしますか。

You say and write:　<u>友達と映画を見る予定です。</u>
　　　　　　　　　　　だち　えいが　　　　　よてい

1. _____

2. _____

3. _____

4. _____

5. _____

B. The chart shows your schedule for this week and next week. Answer the questions based on this schedule using 〜つもり or 予定. A double circle (◎) indicates a definite plan, and a single circle (○) indicates an intention.
よてい

月曜日	火曜日	水曜日	木曜日	金曜日	土曜日	日曜日
7　Today アルバイト	8 日本語のテスト	9	10 アルバイト	11 ○デパート 買い物 もの	12	13 ◎デート
14 アルバイト	15	16 ○体育館 いくかん うんどう	17 アルバイト	18	19 ◎日帰り旅 ひがえ　りょ 行	19

■ You hear:　　　　　　来週の水曜日は何をしますか。

You say and　write:　<u>体育館でうんどうするつもりです。</u>
　　　　　　　　　　　いくかん

1. _____。

2. _____。

3. _____。

III. Expressing occasion and time using 時

A. Listen to the sentences, choose the appropriate illustration, and then change the sentences as in the example.

■ You hear:　　　　　パスポートをとります。

You see and you say:　日本に行く時、パスポートをとります。

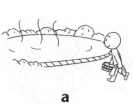
a

b

c

You hear:　　　　　日本に行く時、パスポートをとります。

You repeat and write:　日本に行く時、パスポートをとります。

a

b

c

1. _____。

a

b

c

2. _____。

a

b

c

3. _____。

a

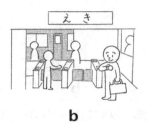
b

c

4. _____。

B. Listen to each statement with 時 and put a ◯ in the parentheses if the statement is true or an X if it is false.

■ You hear:　私はニューヨークにすんでいます。夏休みに日本に行った時、お土産を
　　　　　　たくさん買いました。

You see:　この人は日本でお土産を買いました。

You write:　◯ because according to the statement, the person bought souvenirs after going to Japan.

1. （　）この人はイタリアでこの辞書を買いました。

2. （　）この人は、昨日の晩、家で友達と電話で話しました。

3. （　）この人はサンフランシスコでガイドブックを読みました。

4. （　）東京でピザを食べた方がいいです。

IV. Using もう and まだ

A. Listen to the dialogues and circle the correct meaning of もう or まだ.

■ You hear: A: スミスさんは来ていますか。

               B: いいえ、まだ来ていません。

You see: already   not yet   still   not anymore

You circle 'not yet' because B says that Smith has not come yet.

1. already   not yet   still   not anymore

2. already   not yet   still   not anymore

3. already   not yet   still   not anymore

4. already   not yet   still   not anymore

5. already   not yet   still   not anymore

B. Look at the chart below and answer the question using もう or まだ. A circle (○) indicates something that has already been done, and an (×) indicates something that has not yet been done.

	スミス	山田
しゅくだいをする	Example: ○	
せんこうをきめる	×	○
テストのじゅんびをする	○	×
休みの計画をたてる けいかく	○	×
高校でつかった教科書を持っている きょう か	×	○

■ You hear: スミスさんは、しゅくだいをもうしましたか。

You say: はい、もうしました。

You hear: はい、もうしました。

You repeat and write: はい、もうしました。

1. _____。

2. _____。

3. _____。

4. _____。

5. _____。

Optional

C. しつもんに日本語で答えて下さい。
              こた

■ You hear: もう晩御飯を食べましたか。
                         ご はん

You say and you write: いいえ、まだ食べていません。

1. _____。

2. _____。

3. _____。

V. Expressing conditions and sequence using 〜たら

A. Listen to the dialogues and complete the sentences using 〜たら.

■ You hear:　A:　スミスさん、日本へ行ったらどうする？

　　　　　　　B:　田中さんに会いに行くつもりだよ。キムさんは？

　　　　　　　A:　ぼくはきょうとに行こうと思ってるんだ。

You write:　キムさんは<u>日本に行ったら</u>、きょうとに行こうと思っています。

1. 林さんは_____、足が痛くなりました。
はやし

2. この人たちは_____、出かけるつもりです。

3. この人たちは_____、テニスをするでしょう。

4. 子供は_____、あそびに行けます。

5. 男の人は_____、友達が来ていたので、
　　　　　　　　　　　　　　　　　　　だち
ミーティングに行きませんでした。

B. Listen to the sentences and change them to conditional sentences using 〜たら.

■ You hear:　　　　　　　お金がないから、くるまを買いません。

　You say:　　　　　　　お金があったら、くるまを買います。

　You hear:　　　　　　　お金があったら、くるまを買います。

　You repeat and write:　<u>お金があったら</u>、<u>くるまを買います</u>。

1. _____、_____。

2. _____、_____。

3. _____、_____。

4. _____、_____。

5. _____、_____。

Optional

C. しつもんに日本語で答えて下さい。
　　　　　　　　　　こた

■ You hear:　　　　　　　日本語が分からなかったら、どうしようと思いますか。

　You say and write:　　<u>日本語が分からなかったら、先生に聞こうと思います。</u>

　1. _____。

　2. _____。

　3. _____。

Part 2: Dict-A-Conversation

Your friend Yamada approaches you, Smith, to ask about your plans for spring break.

山田：_____

スミス：_____

山田：_____

スミス：_____

山田：_____

スミス：_____

山田：_____

スミス：_____

Chapter 3
第三課
<small>だい か</small>

Preparing for the future

将来のために
<small>しょう らい</small>

Workbook Activities

単語の練習　Vocabulary Practice
<small>たん ご れんしゅう</small>

A. Fill in the parentheses with the appropriate word from the list below.

a. けんきゅう	b. 卒業 <small>そつぎょう</small>	c. 将来 <small>しょうらい</small>	d. 留学 <small>りゅうがく</small>	e. 大事 <small>だいじ</small>	f. 自由 <small>じゆう</small>	g. 年 <small>とし</small>

■ Example: 私の大学にはアジアの国から（　d　）している学生が多い。

1. （　　　　）なさいふがないので、家の中をさがしました。

2. べんごしの兄は私より三さい（　　　　）が上です。

3. 夏休みは（　　　　）な時間が多いので、アルバイトしたり旅行したり出来る。

4. 田中さんは大学院で日本文学を（　　　　）するつもりだそうです。

5. あの人は頭がいいので（　　　　）大きな会社の社長になれると思う。
<small>かいしゃ しゃちょう</small>

6. 大学を（　　　　）したら、貿易会社で仕事をしたいです。
<small>ぼうえきがいしゃ し ごと</small>

B. 質問に日本語で答えて下さい。
<small>しつもん</small>

1. 将来どんな会社にしゅうしょくしたいと思っていますか。
<small>しょうらい かいしゃ</small>

_____

2. ひっこしたことがありますか。いつ、どこからどこへひっこしましたか。

_____

3. 〜さん (you) の国では、たいてい卒業式でどんなことをしますか。
<small>そつぎょうしき</small>

_____

4. ～さん (*you*) の国では、どんな人を結婚式にしょうたいしますか。
<ruby>結婚式<rt>けっこんしき</rt></ruby>

_____

5. 日本の大学生の生活とあなた (*you*) の国の大学生の生活は同じだと思いますか。どん
なことが同じだと思いますか。どんなことが違うと思いますか。
<ruby>生活<rt>かつ</rt></ruby> <ruby>同<rt>おな</rt></ruby> <ruby>違<rt>ちが</rt></ruby>

_____

_____

C. Complete the following table of expressions with the appropriate transitive and intransitive verb pairs along with their correct て -forms.

Transitive verbs		Intransitive verbs	
	Plain form		**Plain form**
	Example: まどをあける		まど
	て-form		**て-form**
	Example: まどをあけて		まど
	Plain form		**Plain form**
	電気 でん き		電気 でん き
	て-form		**て-form**
	電気 でん き		電気 でん き
	Plain form		**Plain form**
	病気		病気
	て-form		**て-form**
	病気		病気
	Plain form		**Plain form**
	子供		子供
	て-form		**て-form**
	子供		子供

	Plain form			Plain form
	飲み物			飲み物
	て-form			**て-form**
	飲み物			飲み物
	Plain form			Plain form
	シャツ			シャツ
	て-form			**て-form**
	シャツ			シャツ
	Plain form			Plain form
	ちゅうもんする物	パーティー 3月7日(日) レストラン なかま		パーティのばしょ
	て-form			**て-form**
	ちゅうもんする物			パーティのばしょ
	Plain form			Plain form
	食べ物			食べ物
	て-form			**て-form**
	食べ物			食べ物
	Plain form			Plain form
	漢字 かんじ	お知らせ 5月16日(金) 午前11時〜		漢字 かんじ
	て-form			**て-form**
	漢字 かんじ			漢字 かんじ
	Plain form			Plain form
	さいふ			さいふ
	て-form			**て-form**
	さいふ			さいふ

音楽を聞く

D. Choose the appropriate verb for each blank and change the verb forms to fit the sentences.

■ Example: （しまる　　しめる）

父はくるまのまどを a.＿＿しめ＿＿ましたが、まどが b.＿＿しまり＿＿ませんでした。

1. （かわる　　かえる）

すむばしょを a.＿＿＿＿＿たら、気分が b.＿＿＿＿＿ました。

2. （起きる　　起こす）

A: たけしは、もう a.＿＿＿＿＿た？

B: まだ寝てる。

A: 学校に行く時間だから、たけしを b.＿＿＿＿＿て。

3. （のる　　のせる）

私が a.＿＿＿＿＿ているくるまは小さいので、大きい荷物を b.＿＿＿＿＿られません。

4. （つづく　　つづける）

医者の仕事を a.＿＿＿＿＿たかったら、いそがしい生活が b.＿＿＿＿＿と思います。

5. （おわる　　おえる）

このレポートを a.＿＿＿＿＿たら、今日、一日の仕事が b.＿＿＿＿＿ます。

6. （かかる　　かける）

このりょうりは、本当に時間が a.＿＿＿＿＿ました。でも、時間を b.＿＿＿＿＿たから、おいしくなりました。

7. （出る　　出す）

家を a.＿＿＿＿＿たら、雨がふっていたので、かばんからかさを b.＿＿＿＿＿ました。

8. （はじまる　　はじめる）

この店は 10 時に a.＿＿＿＿＿＿＿ますが、店の人は 9 時からじゅんびを
b.＿＿＿＿＿そうです。

9. （わく　　わかす）

今、おゆを a.＿＿＿＿＿ていますから、おゆが b.＿＿＿＿＿たら、おちゃを入れましょう。

10. （きえる　　けす）

へやのエアコン（air-conditioner）が a.＿＿＿＿＿ていましたが、だれがエアコンを b.＿＿＿＿＿んですか。

I. Expressing chronological order using 前 and 後
<ruby>後<rt>あと</rt></ruby>

A. Look at the pictures and complete the following sentences with verb + 前（に）or verb + 後（で）.
<ruby>後<rt>あと</rt></ruby>

■ Example:

<u>デートをする前に</u>、シャワーをあびました。

1.

_____、薬を買って家に帰ります。

2.

_____、どこか外国に留学したいとかんがえています。
<ruby>留学<rt>りゅうがく</rt></ruby>

3.

_____、大学でたくさん勉強しました。

4.

_____、日本語がとても上手になりました。

5.

_____、レシピ (recipe) をしらべます。

B. Look at Yamada's plans for the future and complete the following sentences using verb + 前（に）or verb + 後（で）.
あと

山田さんの将来の計画
しょうらい

今	大学生です。せんこうは生物学 (biology) です。 せいぶつ
2 年後	大学を卒業して、大学院に入学する。 そつぎょう　　　　にゅうがく 大学院で薬のけんきゅうする。
7 年後	大学院を卒業して、薬の会社にしゅうしょくする。 そつぎょう　　　かいしゃ
10 年後	結婚する。 けっこん
20 年後	自分の会社を持つ。 かいしゃ
40 年後	会社をやめる。そして、外国にひっこしをする。 かいしゃ

■ Example: 山田さんは、今、大学生です。大学に入った後で、せんこうを生物学 (biology)
あと　　　　　　　　　　　せいぶつ
にきめました。

山田さんは大学を a. _____、大学院に入学するつもりです。大学院に
にゅうがく
b. _____、薬のけんきゅうをしたいと思ってます。それから、
大学院を c. _____、薬の会社にしゅうしょくしようと思っていま
かいしゃ
す。20 年後に自分の会社を持ちたいです。自分の会社を d. _____、
かいしゃ　　　　　　　　　　　　　　　　　　　　かいしゃ
結婚したいとかんがえています。そして、会社を e. _____、外国にひっ
けっこん　　　　　　　　　　　　　　　　　　かいしゃ
こして、海外で生活をするつもりです。
かつ

C. 質問に日本語で答えて下さい。
　　しつもん

　1. 寝る前に、たいてい何をしますか。

　　　_____

　2. 日本語を勉強する前に、日本語はどんな言葉だと思いましたか。
　　　　　　　　　　　　　　　　　　　　　　　こと ば

　　　_____

　3. 大学／大学院に入学する前に、大学／大学院の生活をどう思いましたか。
　　　　　　　　　　にゅうがく　　　　　　　　　　　　　　　かつ
　　　大学／大学院に入学した後で、大学／大学院の生活をどう思いますか。
　　　　　　　　　　にゅうがく　　あと　　　　　　　　　　　　かつ

　　　_____

　　　_____

II. Talking about preparations using 〜ておく; expressing completion, regret, or the realization that a mistake was made using 〜てしまう

A. Complete the following sentences using 〜ておく or 〜とく.

■ Example:　A: 明日のパーティの時間、田中さんに話した？

　　　　　　B: ううん、まだ。でも、<u>ぼくが電話しておくよ</u>。
でん

1. 学生：漢字のテストは明日ですか。
　　　かん じ
　　先生：ええ、そうですよ。今晩_____下さいね。

2. 　山本：来週、ご両親がアメリカからあそびに来るそうですね。

　　スミス：ええ、そうなんです。だから、へやを_____つもりです。

3. あつ子：土曜日のハロウィン・パーティのじゅんび、出来た？

　　アリス：うん。もう_____よ。

4. 　　山田：シカゴに来てはじめての冬なんですが、どんなじゅんびをした方がいい
　　　　　　ですか。

　　ホワイト：そうですね。シカゴの冬は寒いので、_____よ。

5. 田中：金曜日にみんなで行く博物館だけど、大学からどう行くのかな？
　　　　　　　　　　　　はく
　　リー：大丈夫だよ、ぼく、もう_____から。
　　　　じょう ぶ

B. 質問に日本語で答えて下さい。
　しつもん

1. 大学に入る前に、どんなことをしておきましたか。

　　_____。

2. 海外旅行に行く前に、どんなことをしておきますか。

　　_____。

3. デートをする前に、どんなことをしておいた方がいいと思いますか。

　　_____。

C. Complete the following sentences using 〜てしまう or 〜ちゃう／じゃう.

■ Example: A: レポートはもう書きましたか。

B: ええ、もう<u>書いてしまいました</u>よ。

1. 大川：どうしましたか。

リー：あのう、さいふを＿＿＿＿＿＿＿＿＿＿んです。だから、お金もクレジットカードもないんです。

2. お母さん：もう、勉強はしたの？

子供：うん。もう＿＿＿＿＿＿＿＿＿＿。

3. あつ子：あれ、アルバイトに行かないの？

アリス：うん。大学の勉強がいそがしいから、＿＿＿＿＿＿＿＿＿＿。

4. 学生：すみません。しゅくだいを出す日を＿＿＿＿＿＿＿＿て、しゅくだいは明日だと思っていたんです。

先生：そうですか。じゃあ、明日の授業で出して下さい。
　　　　　　　　　　　　　　　　じゅぎょう

5. 田中：明日のパーティ、何時からですか。

リー：まだ、きまっていないから、今、時間を＿＿＿＿＿＿ましょう。

D. 質問に日本語で答えて下さい。
　　しつもん

1. 授業を休んでしまったことがありますか。どうして休んでしまいましたか。
　　じゅぎょう

＿＿＿＿＿＿＿＿＿＿＿＿＿＿＿＿＿＿＿＿＿＿＿＿＿＿＿＿＿＿＿＿

2. 何かおとしてしまったことがありますか。どんな物をおとしてしまいましたか。

＿＿＿＿＿＿＿＿＿＿＿＿＿＿＿＿＿＿＿＿＿＿＿＿＿＿＿＿＿＿＿＿

3. 来週までにどんなことをしてしまいたいですか。

＿＿＿＿＿＿＿＿＿＿＿＿＿＿＿＿＿＿＿＿＿＿＿＿＿＿＿＿＿＿＿＿

III. Using transitive and intransitive verbs; expressing results of intentional actions using 〜てある

A. Look at the picture of Ishida's room and describe the following items using 〜ています.

1. (hot water) _____

2. (door) _____

3. (window) _____

4. (clock) _____

B. Complete the following sentences using 〜ている.

■ Example:　A: 電気がついていますよ。
　　　　　　　　でんき
　　　　　　　B: すみません。今、けします。

1. トム、マイケル、健一はルームメイトです。
　　　　　　　　　　　　　けん
　トム：マイケル、まだ起きているかな？

　健一：へやの電気＿＿＿＿＿＿＿＿＿＿＿から、もう寝ていると思うよ。
　　けん　　　　でんき

2. お母さん：まだ、サラダ＿＿＿＿＿＿＿＿＿から、もっと食べて。

　　　子供：もう食べられないよ。

3. 先生：上田さん、この漢字、＿＿＿＿＿＿＿＿＿＿＿よ。
　　　　　　　　　　　　かんじ
　上田：すみません。今、なおします。

4. 田中：このジュース、とても＿＿＿＿＿＿＿＿＿＿ね。

　リー：ええ、冷たくて、おいしいですね。

C. Look at the picture of Ishida's room and describe the following items using 〜てあります.

1. (cola) ＿＿＿＿＿＿＿＿＿＿＿＿＿＿＿＿＿＿＿＿＿＿＿＿＿＿＿＿＿＿＿＿

2. (door) ＿＿＿＿＿＿＿＿＿＿＿＿＿＿＿＿＿＿＿＿＿＿＿＿＿＿＿＿＿＿＿＿

3. (room) ＿＿＿＿＿＿＿＿＿＿＿＿＿＿＿＿＿＿＿＿＿＿＿＿＿＿＿＿＿＿＿＿

4. (window) ＿＿＿＿＿＿＿＿＿＿＿＿＿＿＿＿＿＿＿＿＿＿＿＿＿＿＿＿＿＿＿

D. Complete the following sentences using 〜てある.

■ Example: A: あれ、私のかばん、どこ？

B: ああ、かばんね。もうくるまに<u>乗せて</u>あるよ。

1. 先生：みなさん、明日はテストがありますけど、じゅんびは出来ていますか。

 学生：はい。もう_____から、大丈夫だと思います。
　　　　　　　　　　　　　　　　　　　　じょう ぶ

2. 上田：あのレストランはいつもまつから、早く行った方がいいですよね。

 リー：もう電話で_____あるそうですよ。
　　　　　　　でん

 上田：そうですか。よかった。

3. アリス：明日の健一の誕生日会、一緒に行くでしょ？
　　　　　　　　　けん たん かい しょ

 道子：うん。ところでプレゼントは、_____？
　　　みち

 アリス：うん。大丈夫。
　　　　　　　　　じょう ぶ

4. トムはお母さんに電話します。
　　　　　　　　　　でん

 　　トム：もしもし、お母さん。今、えきに着いたけど、コンビニに行ってから、
　　　　　　帰るので、ちょっとおそくなります。

 お母さん：分かったわ。もう晩御飯は_____から、早く
　　　　　　　　　　　　ご はん
　　　　　　帰って来てね。

E. Kenichi and Tom are college roommates, and they are going on a trip to the city where their friend John lives. Kenichi has made a checklist of things to do before the trip, as shown in the following chart. Items with a checkmark are tasks which have been finished. Complete the dialogue by selecting the appropriate phrases.

✔ ホテルの予約をする	✔ 空港までのバスの時間をしらべる
✔ ガイドブックを買う	いいレストランをさがす
ジョンにお土産（みやげ）を買う	家にあるやさいとにくを食べる

トム：来週の旅行だけど、もうホテルの予約したよね。

健一（けん）：うん、もう予約は（しておく　してある　している）よ。それから、空港までの
バスの時間を（しらべておいた　しらべていた　しらべてあった）から、
じゅんびは大丈夫（じょうぶ）だよ。

トム：よかった。あっ、ガイドブックは？

健一（けん）：昨日、（買ってしまった　買っておいた　買ってある）よ。はい、これ。

トム：わあ、ありがとう。

健一（けん）：でも、ジョンのお土産（みやげ）をまだ（買っておかない　買っていない　買ってしまわ
ない）んだけど、買った方がいいよね。何がいい？

トム：うん、そうだね。チョコレートはどうかな？

健一（けん）：いいね。1週間、家にいないから、家にあるやさいとにくは（食べてあった
食べちゃった　食べていた）方がいいよね。

トム：そうだね。でも、にくは昨日もう（食べてあった　食べていた　食べちゃった）
から、ないよ。やさいは、まだあるけど。

健一（けん）：そうか。じゃあ、今晩は、ぼくがサラダを作るよ。

トム：ありがとう。じゃあ、ぼくはガイドブックを読んで、いいレストランを
（さがしておく　さがしている　さがしてある）ね。

IV. Expressing purpose, using the plain form of the verb/noun の + ため, in order to ~, for ~

A. Complete the sentence using 〜ため（に）.

■ Example: 　日本に行くためにパスポートをとりました。

1.　　日本に _____大学の本屋でアルバイトをしています。
や

2.　　いい会社に_____大学で経営学を勉強
かいしゃ　　　　　　　　　　　　　　　　　　　　　　けいえい
しました。

3.　　アレルギーの_____有名な研究者がいる大学に
ゆう　　けんきゅう
入学しました。
にゅうがく

4.　　病気を_____医者は毎日がんばって仕事を
しごと
しています。

B. 質問に日本語で答えて下さい。
  しつもん

1. 風邪をひいた時、風邪をなおすために、どんなことをしますか。
   かぜ   かぜ

   _____

   _____

2. ～さん（*you*）は大学に入るために、どんなことをしましたか。

   _____

   _____

3. ～さん（*you*）は日本語が上手になるために、どんなことをしていますか。

   _____

   _____

4. ～さん（*you*）は、将来どんな仕事がしたいですか。その仕事をするためには、大学
                しょうらい   しごと   しごと
   で何を勉強した方がいいと思いますか。

   _____

   _____

V. Expressing obligation using 〜なければ／なくては＋ならない, 〜なければ／なくては＋いけない; expressing a lack of obligation using 〜なくてもいい

A. Complete the following table.

Dictionary form	Negative form	〜なければならない 〜なくてはならない	〜なければいけない 〜なくてはいけない	〜なきゃ（いけない） 〜なくちゃ（いけない）
Example: 食べる	食べない	食べなければならない 食べなくてはならない	食べなければいけない 食べなくてはいけない	食べなきゃ（いけない） 食べなくちゃ（いけない）
なおす				
来る	*	* *	* *	* *
べんりだ				
留学生だ りゅう				

*Write all forms in **hiragana**.

B. Complete the following sentences/ dialogues using 〜なければ／なくては＋ならない, ~ なければ／なくては＋いけない, or ~ なきゃ／なくちゃ＋いけない.

1. 海外旅行に行く時は、_____。

2. 大学を卒業するために_____。
　　　　 そつぎょう

3. A: 大学がきまったそうですね。この町の大学ですか。

　　 B: いいえ、ボストンの大学です。だから、夏の間に
　　　　_____んです。

4. A: 日本語の授業って、大変？
　　　　 じゅぎょう
　　 B: そうだね。_____から、ちょっと大変
　　　　だけど、とってもおもしろいよ。

5. A: これから、みんなでごはん食べに行くんだけど、一緒に行かない？
　　　　　　　　　　　　　　　　　　　　　　　　　　　　　　しょ
　　 B: 行きたいけど、_____から、また今度ね。

C. Complete the following sentences/dialogues using 〜なくてもいい.

1. ホストファミリーのお母さんがごはんを作るので、私は＿＿＿＿＿＿＿＿＿＿＿＿＿＿＿＿＿。

2. A: アパートをさがしているそうですね。どんなアパートをさがしているんですか。

   B: 一人ですむから、＿＿＿＿＿＿＿＿＿＿＿＿＿＿＿んですが、大学にちかい
   ほうがいいです。

3. 学生：先生、今度のテストですが、漢字は＿＿＿＿＿＿＿＿＿＿＿＿＿＿＿＿＿か。
       かんじ

   先生：いいえ、漢字も勉強しておいて下さい。
          かんじ

4. A: 日曜日のパーティ、ドレスを着なきゃいけないかな？

   B: そうだね。ドレスを＿＿＿＿＿＿＿＿＿＿＿＿＿＿けど、Tシャツやジーンズは
   着ない方がいいと思うよ。

Optional

D. Complete the following sentences/dialogues using 〜なければ／なくては＋ならない,〜なければ／
なくては＋いけない,〜なきゃ／なくちゃ＋いけない or 〜なくてもいい.

1. 月曜日と水曜日は9時に授業がはじまるので、＿＿＿＿＿＿＿＿＿＿＿＿＿＿＿＿＿
       じゅぎょう

   ＿＿＿＿＿が、金曜日は授業がないので、＿＿＿＿＿＿＿＿＿＿＿＿＿＿＿＿＿。
           じゅぎょう

2. A: 大学の生活ではどんなことが大変ですか。
          かつ

   B: 大学の生活は＿＿＿＿＿＿＿＿＿＿＿＿＿＿＿＿＿から、大変ですが、高校
          かつ

   では＿＿＿＿＿＿＿＿＿＿＿＿＿＿＿＿＿から、たのしかったです。

3. 学生：来週の授業までに、この本をぜんぶ＿＿＿＿＿＿＿＿＿＿＿＿＿＿＿か。
          じゅぎょう

   先生：いいえ、ぜんぶ＿＿＿＿＿＿＿＿＿＿＿＿＿が、50ページまでは、
         読んで下さい。

4. A: 昨日から、熱があるんだ。

   B: じゃあ、薬を飲んだ方がいいよ。

   A: うん。薬は好きじゃないんだけど、薬を＿＿＿＿＿＿＿＿＿＿＿＿＿＿＿＿
   かな？

   B: そうだね。薬は＿＿＿＿＿＿＿＿＿＿＿＿＿けど、飲んだ方が、はやく熱が
   下がると思うよ。

総合練習　Integration
そうごう れんしゅう

A. つぎの文 (text) を読んで質問に答えて下さい。
　ぶん　　　　　　　　　　　　　　しつもん

　みなさんは、子供の時何になりたいとかんがえていましたか。つぎの表 (chart)
は日本の中学生と高校生が将来なりたいと思っている仕事についてのランキング　ひょう
(ranking) です。
　　　　　　　　　　　　　　　　　　　　　　しょう

	中学生		高校生	
	男子生徒 だんしせいと	女子生徒 じょしせいと	男子生徒 だんしせいと	女子生徒 じょしせいと
1位 い	スポーツ選手 (athlete) せんしゅ	ようちえん (pre-school) の先生	公務員 (public offi-cial; civil servant) こうむいん	かんごし (nurse)
2位	公務員 (public official; civil servant) こうむいん	かんごし (nurse)	学校の先生	ようちえん (preschool) の先生
3位	ゲーム・クリエーター (computer game programmer)	獣医 (veterinarian) じゅうい	けんちくし (architect)	学校の先生
	2014年　内閣府「小学生・中学生の意識に関する調査」 ないかくふ　　　　　　いしき　　かん　　ちょうさ		2011年 日本ドリコム「高校生の希望する職業ランキング」 きぼう　しょくぎょう	

＊男子生徒 : male student　　女子生徒 : female student
　だんしせいと　　　　　　じょしせいと

　この表から男子生徒と女子生徒がしたいと思っている仕事は少し違うことが分
　　ひょう　　だんしせいと　　じょしせいと
かります。女子生徒は中学の時も高校の時も、ようちえんの先生やかんごしになり
　　　　　じょしせいと
たいとかんがえている 人 が多いです。（　①　）、男子生徒は高校に入学する前と入
　　　　　　　　　　　　　　　　　　　　　　だんしせいと　　　　　　にゅうがく
学した後で、なりたいと思っている仕事が大きく変わります。中学生の時は、スポー
ツ選手やゲーム・クリエーターになりたいと思っている人が多くて、高校に入学し
　せんしゅ
た後では そう 思っている人は少なくなってしまいます。そのかわりに学校の先生や
けんちくしになりたいと思う生徒が多くなります。高校に入った後で、女子生徒が
　　　　　　　　　　　　　　せいと　　　　　　　　　　　　　　　　　　　じょしせいと
なりたい仕事は中学の時と同じだけれど、男子生徒がなりたい仕事が変わってしま
　　　　　　　　　　　　　　　　　　だんしせいと
うことは、おもしろいと 思います 。

　中学生や高校生がなりたいと思っている公務員やかんごしやけんちくしになる
　　　　　　　　　　　　　　　　　　こうむいん

ためには、ふつうとてもむずかしいテストがあります。（　②　）その仕事をしたい人達は、中学校や高校でたくさん勉強しておくことがとても大事です。また、調査では 50.6% の高校生がなりたい仕事が分からないと答えていました。 高校の時は、まだしたい仕事をきめなくてもいいでしょう。けれども、日本の大学は大学に入る前にせんこうをきめなければいけませんから、その前に将来の仕事についてかんがえておいた方がいいと思います。

　　あなたは日本の中学生や高校生がしたい仕事についてどう思いますか。あなたが中学生や高校生の時、日本の中学生や高校生がなりたいと思っている仕事と同じ仕事をしたいと思っていましたか。あなたの夢は何でしたか。

そのかわりに = instead　　調査 = survey　　夢 = dream

1. Choose the most appropriate conjunctions for ① and ② .

ところで　　その後　　だから　　その時　　けれども

   ①＿＿＿＿＿＿　　②＿＿＿＿＿＿

2. What does そう refer to? Choose from the following list.

   a. ようちえんの先生やかんごしになりたい

   b. したい仕事が変わる

   c. 中学生の時

   d. スポーツ選手やゲームクリエーターになりたい

s. 人 is a noun that is modified by a preceding clause. Where does the modifying clause start?

   a. 女子生徒は〜

   b. 中学の時も〜

   c. ようちえんの〜

   d. かんがえて〜

4. 思います は、だれが思いますか。

   a. 男子生徒

   b. 女子生徒

   c. この文 (text) を読んでいる人

   d. この文を書いている人

5. 質問に日本語で答えて下さい。
しつもん

    a. 男子生徒と女子生徒がしたいと思っている仕事は同じですか。
       だん し せい と　　じょ し せい と

    _____

    b. 日本の大学は大学に入る前に、何をきめなければいけませんか。

    _____

6. ○×をつけなさい (*to put*)。（○ = True, × = False）

    （　　　）女子生徒がなりたい仕事は中学の時と高校の時であまり変わらない。
         じょ し せい と

    （　　　）公務員やかんごしやけんちくしなるのは、あまりむずかしくない。
         こう む いん

    （　　　）日本では高校の時に、将来したい仕事を決めなくてはいけない。
               しょう

B. 中学生や高校生の時に、何になりたいと思っていましたか。みじかい作文（*short essay*）を書いて下さい。できれば（*if possible*）下の文法（*grammar*）をたくさんつかいましょう。

    ☐　〜てはいけない

    ☐　〜てもいい

    ☐　〜時

    ☐　Volitional form ＋と思う

    ☐　〜たら

    ☐　もう／まだ

    ☐　前／後

    ☐　〜ため

    ☐　〜てしまう

    ☐　〜なければ＋ならない／いけない、〜なくては＋ならない／いけない

    ☐　〜なくてもいい

    ☐　Conjunctions…けれども、その間に、その後で、その前に、その時に、それで
        だから、だけど、つぎに、というのは、ところで、まずはじめに、また

_____

_____

_____

_____

_____

_____

_____

_____

_____

_____

_____

書く練習　**Writing Practice**

れんしゅう

A.　Look at the chart on pages 165–167 of your textbook and write each **kanji** ten times using the handwritten style.

言
葉
漢
字
質
問
卒
業
授
仕
事
結
婚
社
式

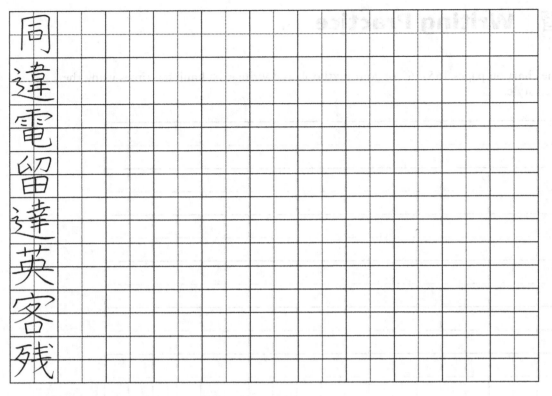

同
違
電
留
達
英
客
残

B. Rewrite each sentence using **kanji** and **hiragana**.

1. もりさんは、にほんにりゅうがくしていたときにあったともだちです。

   _____

2. このことばをかんじでかいてくださいませんか。

   _____

3. そつぎょうしたあとで、えいごがつかえるかいしゃではたらきたいとおもっています。

   _____

4. じゅぎょうのあと、のこってせんせいにしつもんしました。

   _____

5. あのおんなのひとは、おなじじゅぎょうをとっているクラスメートです。

   _____

6. けっこんこしきに　たくさんおきゃくさんをよぶつもりです。

   _____

7. ちちはいしゃですが、わたしはちがうしごとをするつもりです。

   _____

ラボの練習　Lab Activities
れんしゅう

Part 1: Vocabulary Practice

Form phrases using the noun and verb combinations you hear, and then choose the picture that represents this action. You will hear the correct answer. Repeat it and write it.

■ You hear:　　　　　　まど　　あく

　You say :　　　　　　まどがあく

　You hear:　　　　　　まどがあく

　You repeat, write and choose:　<u>まどがあく</u>　（　a　）

1. _____ （　） 7. _____ （　）

2. _____ （　） 8. _____ （　）

3. _____ （　） 9. _____ （　）

4. _____ （　） 10. _____ （　）

5. _____ （　） 11. _____ （　）

6. _____ （　） 12. _____ （　）

a

b

c

d

e

f

g

h

i

j

k

l

m

Part 2: Speaking and Listening Comprehension Activities

I. Expressing chronological order using 前 and 後
あと

A. Look at the day's schedule for a trip to a hot spring. Circle はい if the statement you hear is consistent with the schedule. Circle いいえ if it is not consistent.

2 時	旅館に着く
3 時	喫茶店でコーヒーを飲む きっさ
4 時半	温泉に入る せん
6 時	晩御飯を食べる ご はん
7 時	散歩をする さん
8 時	お土産を買う みやげ
9 時半	カラオケでうたをうたう
11 時	温泉に入る せん
12 時	寝る

■ You hear: 旅館に着いた後、喫茶店でコーヒーを飲みます。
あと　　きっさ

You circle: はい because it is consistent with the schedule.

1. はい　　　いいえ

2. はい　　　いいえ

3. はい　　　いいえ

4. はい　　　いいえ

5. はい　　　いいえ

B. Look at the schedule on the previous page. Complete the sentences using the cues you hear. Use the event immediately following or preceding depending on the cue. Write the correct answer after you hear it.

■ You hear: 旅館に着きます。その後で何をしますか。
　　　　　　　　　　　　あと

　You say: 旅館に着いた後で、喫茶店でコーヒーを飲みます。
　　　　　　　　　　あと　　　きっさ

　You hear: 旅館に着いた後で、喫茶店でコーヒーを飲みます。
　　　　　　　　　　あと　　　きっさ

　You write: 旅館に着いた後で、喫茶店でコーヒーを飲みます。
　　　　　　　　　　　あと　　　きっさ

1. _____

2. _____

3. _____

4. _____

5. _____

Optional

C. 質問に日本語で答えて下さい。
　しつもん

1. _____

2. _____

3. _____

4. _____

II. Talking about preparations using 〜ておく; expressing completion, regret, or the realization that a mistake was made using 〜てしまう

A. Listen to what is said in the recording, use the pictures below to identify the appropriate response, and complete the sentences using 〜ておく.

■ You hear: 　　　　　　留学するから、
　　　　　　　　　　　りゅうがく

　You choose and say: 　留学するから、パスポートをとっておきます。
　　　　　　　　　　　りゅうがく

　You hear: 　　　　　　留学するから、パスポートをとっておきます。
　　　　　　　　　　　りゅうがく

　You write: 　　　　　　<u>留学するから、パスポートをとっておきます。</u>
　　　　　　　　　　　　りゅうがく

Example

1. _____

2. _____

3. _____

4. _____

B. Listen to what your roommate says, use the pictures below to determine the appropriate response, then respond using 〜とく.

■ You hear: 明日、妹が来るんだ。

You say: じゃあ、へやのそうじしとくね。

You hear: じゃあ、へやのそうじしとくね。

You repeat and write: じゃあ、<u>へやのそうじしとくね。</u>

Example

1. じゃあ、_____

2. じゃあ、_____

3. じゃあ、_____

4. じゃあ、_____

C. Answer the questions using 〜てしまう.

■ You hear: もうしゅくだいはしましたか。

You say: はい、してしまいました。

You here: はい、してしまいました。

You repeat and write: はい、<u>してしまいました。</u>

1. はい、_____

2. はい、_____

3. はい、_____

4. はい、_____

D. Answer the questions using 〜ちゃう／〜じゃう.

■ You hear: アルバイトはどうしたの。やめたの？

    You say: うん、やめちゃった。

    You hear: うん、やめちゃった。

    You repeat and write: うん、<u>やめちゃった。</u>

1. うん、_____

2. うん、_____

3. うん、_____

4. うん、_____

III. Using transitive and intransitive verbs; expressing results of intentional actions using 〜てある

A. Respond to the request being made using 〜てある.

■ You hear: あっ、雨がふりそうだ。まどをしめておいて。

You say: うん、しめてある。

You hear: うん、しめてある。

You repeat and write: <u>うん、しめてある。</u>

1. _____

2. _____

3. _____

4. _____

B: The following is Smith's to-do list for his Halloween party. Listen to the dialogue and if a task has been completed, put a ✔ mark in the parentheses. If it has not been completed, leave it blank.

> **Preparations for Halloween party!**
> Example: (✔) decide on time
> (   ) chill drinks
> (   ) buy food
> (   ) make a costume
> (   ) invite friends
> (   ) clean the house

■ You hear: A: ハロウィン・パーティの時間をきめましたか。

B: はい、きめてあります。 8時からです。

You put a ✔ mark in the parentheses next to "decide on time" since he has decided on the time of the party.

IV. Expressing purpose, using the plain form of the verb/noun の + ため, in order to ~, for ~

A. Listen to the following dialogues and complete the statements using ～ため.

■ You hear: A: あれ、このプレゼントどうしたの？

             B: うん、明日妹の誕生日なんだ。
                   たん

You see: 男の人は_____プレゼントを買いました。

You write: 男の人は<u>妹のために</u>プレゼントを買いました。

1. 女の人は _____7 時に出かけます。

2. 男の人は _____ アルバイトをしています。

3. 女の人は _____ 大阪に行きます。
                                         さか

4. 田中さんは _____ 今よく勉強しています。

5. 男の人は _____ 毎日うんどうしています。

B. 質問に日本語で答えて下さい。
  しつもん

1. _____

2. _____

3. _____

V. Expressing obligation using 〜なければ／なくては＋ならない，〜なければ／なくては＋いけない; expressing a lack of obligation using 〜なくてもいい

A. Listen to what is being said, choose an appropriate word from the list, and complete the sentences using 〜なければ + ならない／いけない , 〜なくては + ならない／いけない.

■ You hear: 来週は友達の誕生日だから
  たん

  You see: （プレゼントを買う　　計画をする　　卒業する）
  　　　　　　　　　　　　　　　　　　　　　　　　　　　　そつぎょう

  You choose and you say: プレゼントを買わなければなりません。

  　　　　　　　　　　or プレゼントを買わなければいけません。

  　　　　　　　　　　or プレゼントを買わなくてはなりません。

  　　　　　　　　　　or プレゼントを買わなくてはいけません。

  You hear: プレゼントを買わなければなりません。

  You repeat and write: <u>プレゼントを買わなければなりません。</u>

1. （今晩勉強する　　パーティに行く　　ごはんを作る）

   _____

2. （大学に入学する　　仕事をやめる　　仕事をさがす）
   　　　　にゅうがく　　　　しごと　　　　　しごと

   _____

3. （電気をけす　　くつをぬぐ　　まどをしめる）
   　でんき

   _____

4. （学校を休む　　予定をかんがえる　　アルバイトをつづける）

   _____

B. Listen to the questions and respond using 〜なくてもいい.

■ You hear: この言葉は、漢字で書かなければいけませんか。
　　　　　　　　　ことば　　かんじ

You say: いいえ、書かなくてもいいです。

You hear: いいえ、書かなくてもいいです。

You repeat and write: <u>いいえ、書かなくてもいいです。</u>

1. _____

2. _____

3. _____

4. _____

Optional

C. Listen to the dialogues and questions, and answer the questions by circling either はい or いいえ.

■ You hear: A: スミスさん、明日は、休みだね。

B: うん、だけど、アルバイトがあるから、朝7時に起きなきゃいけないんだ。

Question: スミスさんは、明日の朝早く起きなくてはいけませんか。

You see : はい　　　　いいえ

You circle : はい, because Smith said he will wake up early, at 7:00 a.m., since he has a part-time job.

1. はい　　　　いいえ

2. はい　　　　いいえ

3. はい　　　　いいえ

4. はい　　　　いいえ

Name _____ Class _____ Date _____

D. 質問に日本語で答えて下さい。
   しつもん

1. _____

2. _____

3. _____

4. _____

Part 3: Dict-A-Conversation

スミスさんはかとう先生の日本語の古文 (*classical Japanese*) のクラスをとりたいと思っているので、先生に質問をしています。

スミス：＿＿＿＿＿＿＿＿＿＿＿＿＿＿＿＿＿＿＿＿＿＿＿＿＿＿＿＿＿＿＿＿＿

先生：＿＿＿＿＿＿＿＿＿＿＿＿＿＿＿＿＿＿＿＿＿＿＿＿＿＿＿＿＿＿＿＿＿

スミス：＿＿＿＿＿＿＿＿＿＿＿＿＿＿＿＿＿＿＿＿＿＿＿＿＿＿＿＿＿＿＿＿＿

先生：＿＿＿＿＿＿＿＿＿＿＿＿＿＿＿＿＿＿＿＿＿＿＿＿＿＿＿＿＿＿＿＿＿

スミス：＿＿＿＿＿＿＿＿＿＿＿＿＿＿＿＿＿＿＿＿＿＿＿＿＿＿＿＿＿＿＿＿＿

先生：＿＿＿＿＿＿＿＿＿＿＿＿＿＿＿＿＿＿＿＿＿＿＿＿＿＿＿＿＿＿＿＿＿

スミス：＿＿＿＿＿＿＿＿＿＿＿＿＿＿＿＿＿＿＿＿＿＿＿＿＿＿＿＿＿＿＿＿＿

先生：＿＿＿＿＿＿＿＿＿＿＿＿＿＿＿＿＿＿＿＿＿＿＿＿＿＿＿＿＿＿＿＿＿

Chapter 4
第四課
だい　か
Asking for Favors
おねがい

Workbook Activities

単語の練習 Vocabulary Practice
たん　ご　　れんしゅう

A. Draw lines from the nouns in column A to the appropriate verbs in column B.

■ Example:　　　A　　　　　　　　B

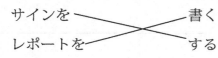

　　　　　　サインを　　　　　　書く
　　　　　　レポートを　　　　　する

　　　　　　　A　　　　　　　　　B

1. 口座を　　　　　　　　とどく
こう　ざ

2. しけんを　　　　　　　おぼえる

3. お金を　　　　　　　　ひらく

4. 単語を　　　　　　　　もうしこむ
たん　ご

5. 日帰りツアーに　　　　ためる

6. 宅配便が　　　　　　　うける
たくはいびん

B. Fill in the parentheses with the appropriate words from the list below.

| a. 文法 b. 説明 c. すいせんじょう d. 意味 e. 送り f. 引き出し g. 手伝い |
| ぶんぽう せつめい い み おく ひ だ て つだ |

■ Example: 日本語の（　a　）は、英語と違います。

1. 先生、「小包」の（　　）が分からないので、教えて下さい。
   こ づつみ おし

2. 葉書を書いて、アメリカの友達に（　　）ました。
   は がき

3. 姉はいつも母がりょうりをする時（　　）ます。

4. 薬のはこに書いてある（　　）をよく読んでから、飲んで下さい。

5. 日本に行った時、ATMでお金の（　　）方が分からなくて、大変でした。

6. 留学したいから、先生に（　　）をたのみました。

C. 質問に日本語で答えて下さい。

1. ～さんの国では、銀行で口座をひらく時、何がいりますか。
   ぎん こう ざ

   _____

2. お金をためていますか。何のためにお金をためていますか。

   _____

3. うんてんめんきょしょうを持っていますか。何さいの時に、うんてんめんきょしょう
   を取りましたか。
   と

   _____

4. 日本語が上手になるために、どんな練習をしていますか。
   れんしゅう

   _____

5. 日本語の文法と漢字とどちらの方がむずかしいと思いますか。どうしてそう思いますか。
   ぶんぽう

   _____

I. Expressing and inquiring about one's factual knowledge using the clause か（どうか）

A. Complete the following sentences using 〜か（どうか）.

■ Example:　日本で一番大きいまちはどこですか。

　　　　　　A: 日本で一番大きいまちはどこか知っていますか。

　　　　　　B: ええ、知っていますよ。東京です。／いいえ、日本で一番大きいまちがどこか知りません。

1. 東京から富士山までどのぐらいかかりますか。
きょう　　ふ　じ　さん

　　A: _____

　　B: _____

　　_____

2. 日本とアメリカの間にある海の名前は日本語で何ですか。

　　A: _____

　　B: _____

　　_____

3. 日本の宅配便は便利ですか。
たくはいびん　　　り

　　A: _____

　　B: _____

　　_____

B. Complete the following sentences using 〜か（どうか）.

■ Example: 山田：スミスさん、明日のパーティに来ますか。

田中：あっ、すみません。まだスミスさんに<u>明日のパーティに来るかどうか 聞いていません</u>。

大川：いつご両親の家に帰りますか。
中田：えっと、<u>まだいつ帰るかきめていません</u>。

1. 山本：田中さんは、何時にここに来ますか。

川田：すみません。田中さんが＿＿＿＿＿＿＿＿＿＿＿＿＿＿＿＿＿＿＿＿。でも、 大木さんが知っていると思いますよ。

2. 　先生：スミスさんは、来年 ＿＿＿＿＿＿＿＿＿＿＿＿＿＿＿＿＿＿か。

スミス：はい、きめました。日本に留学します。

3. リー：＿＿＿＿＿＿＿＿＿＿＿＿＿＿＿＿＿＿？

上田：郵便局？　ううん、知らない。どこにあるかな？
　　　ゆうびんきょく

4. スミス：今度の試験、水曜日だよね。
　　　　　　しけん

リー：ごめん、今度の試験、＿＿＿＿＿＿＿＿＿＿＿＿＿＿＿＿＿＿。
　　　　　　　　しけん

スミス：えっ、分からないの？　どうしよう。

II. Expressing movement away from or toward the speaker through space using 〜ていく and 〜てくる

A. Complete the following sentences using 〜ていく／〜てくる.

■ Example: 今、日本語の授業にいます。

雨がふりそうなので、日本語の授業に<u>かさを持って来ました</u>。

1. 今、家にいます。

おべんとう
(lunchbox)

ピクニックに_____。

2. 今、病院にいます。

病院に_____。

3. 友達の家にいます。

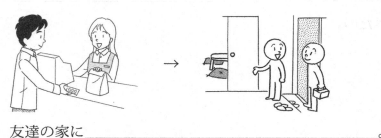

友達の家に_____。

4. 今、家にいます。

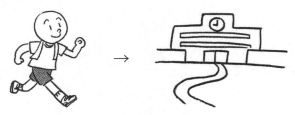

おそく起きたので、学校に＿＿＿＿＿＿＿＿＿＿＿＿＿＿＿＿＿。

B. Complete the following conversations by filling in the blanks with the correct form of the verb, using 〜てくる or 〜ていく.

■ Example: 田中さんと上田さんは週末のパーティについて話しています。

田中：週末のスミスさんの家のパーティだけど、何か作っていく？

上田：私はケーキを作るつもりよ。田中さんは？

田中：ぼくは、りょうりが出来ないから、コンビニで飲み物を買っていこうと思う。

1. 今、日本語の授業にいます。

先生：みなさん、宿題の作文を出して下さい。
　　　　しゅくだい　さくぶん

学生：すみません、作文を＿＿＿＿＿＿＿＿＿＿＿＿＿＿＿＿＿＿＿。
　　　　　　　さくぶん

先生：どうして、書かなかったんですか。

学生：昨日はアルバイトでいそがしかったんです。明日の授業に＿＿＿＿＿＿＿＿＿
　　　てもいいでしょうか。

2. 大学のキャンパスにいます。

学生A：今日のテニスの練習に行く？
　　　　　　　　　　れんしゅう

学生B：うん、行くよ。

学生A：じゃあ、その前に、学食で昼御飯＿＿＿＿＿＿＿＿＿＿＿＿＿＿＿＿＿？
　　　　　　　　　　　　　　　　ご はん

学生B：昼御飯？　今日は家で昼御飯＿＿＿＿＿＿＿＿＿＿＿＿＿＿＿＿＿。
　　　ご はん　　　　　　　　　　ご はん

学生A：え〜、もう食べたの。

3. リーさんは大学の図書館にいます。

　　　リー： スミスさん、おはよう。

　スミス： あっ、リーさん。おはよう。今日、会話の試験だね。
　　　　　　　　　　　　_____？

　　　リー： うん、たくさん練習したけど、大丈夫かな。

　スミス： 大丈夫だよ。もうすぐ授業がはじまるから、一緒に行こう。

　　　リー： ぼくは、ここでもう少し_____から、スミスさん、
　　　　　　さきに (ahead) 教室に行っていいよ。

III. Expressing one's desire for someone to do something using 〜てもらう／いただく and 〜てほしい

A. Using 〜てほしいんだけど, 〜てもらえませんか, or 〜ていただけませんか, create sentences explaining what you want your conversational partner to do in the situations described below.

■ Example: 田中さんと山田さんはクラスメートです。田中さんは昨日クラスを休みました。

 →

田中 　　　　　　　石田
_{いし}

田中：昨日、クラスを休んだから、<u>ノートをかしてほしいんだけど。</u>

1. スミスさんはホームステイをしています。スミスさんは病気です。

 →

スミス 　　　　　　お母さん

スミス：気分がわるいから、病院に_____。

スミス：熱があるから、薬を_____。

2. あなたは昨日足をけがしました。リーさんはルームメートです。

 →

あなた 　　　　　　リー

あなた：歩けないから、へやの_____。

あなた：学校に行けないから、宿題を_____。
_{しゅくだい}

3. 今、学生は日本語の授業にいます。

 →

学生 　　　　　　　先生

学生：この漢字が読めないので、_____。

学生：この文法が分からないので、_____。
_{ぶんぽう}

B. Complete the sentences using 〜てほしいんだけど, 〜てもらえませんか or 〜ていただけませんか.

■ Example:　会社で

小川：あのう、おねがいがあるんですが。

東山：何ですか。

小川：もうすぐ、会社にお客さんが来るから、<u>おゆをわかしておいてもらえませんか</u>。

東山：はい、分かりました。

1. 学校で

学生：先生、今、いいでしょうか。

先生：何ですか。

学生：あのう、来年、日本に留学したいので、＿＿＿＿＿＿＿＿＿＿＿＿＿＿＿＿＿＿＿＿＿。

先生：すいせんじょうですか。ええ、かまいませんよ。

2. 学校で

スミス：　このしゃしん、ぼくの Facebook にアップロード (upload) してもいい。

高山：　う〜ん。ちょっと変な顔しているから、そのしゃしんは
＿＿＿＿＿＿＿＿＿＿＿＿＿＿＿＿＿＿＿＿＿＿＿＿＿＿＿。

スミス：　分かった。じゃあ、違うしゃしんにするね。

3. 会社で

山田：　切手がなくなってしまったので、郵便局に
きって　　　　　　　　　　　　　　　　　　　　　ゆうびんきょく
＿＿＿＿＿＿＿＿＿＿＿＿＿＿＿＿＿＿＿＿＿＿＿＿＿＿＿。

森下：　ええ、いいですよ。いくらの切手を何まいですか。
きって

4. レストランで

山下：　何にする？

大木：　うん、ピザにする。ちょっとトイレに行きたいから、
＿＿＿＿＿＿＿＿＿＿＿＿＿＿＿＿＿＿＿＿＿＿＿、いい？

山下：　うん、ピザだね。じゃあ、ウェイターにちゅうもんしておくよ。

IV. Expressing willingness using 〜ましょう／ましょうか

A. Look at the picture below and complete the sentence with 〜ましょうか .

■ Example:

 子供に話します。

お母さん：明日の朝、<u>起こそうか</u>。

 先生に話します。

学生：まどを<u>あけましょうか</u>。

1. 先生に話します。

学生：教室の電気を_____。
　　　きょうしつ

2. 友達に話します。

あなた：ごはんを_____。

3.  社長に話します。

あなた：来週のパーティのメニューを_____。

4.  クラスメートに話します。

あなた：旅行のしゃしんを_____。

B. Complete the following sentences using 〜ましょうか.

■ Example: まちで外国人がこまっています (*to be having a problem*)。

あなた：どうしましたか。

外国人：えきが分からないんです。

あなた：私が<u>行き方</u>を<u>教えましょうか</u>。
かた　　おし

1. まちでおばあさんが、大きい荷物を持っています。

　　　あなた：大きい荷物ですね。＿＿＿＿＿＿＿＿＿＿＿＿＿＿＿＿。

　　　おばあさん：親切にありがとうございます。たすかります。

2. 学食にいます。スミスさんはさいふを家に忘れました。

　　　スミス：あっ、さいふがない。

　　　あなた：じゃあ、お金を＿＿＿＿＿＿＿＿＿＿＿＿＿＿＿＿＿。

3. こうえんでデートをしている二人は、しゃしんをとりたいです。

　　　あなた：しゃしんですか。私が＿＿＿＿＿＿＿＿＿＿＿＿＿＿＿＿。

　　　デートをしている二人：ええ、いいんですか。おねがいします。

4. ホームステイの家にいます。弟はコンピュータのつかい方が分かりません。

　　　あなた：どうしたの？

　　　弟：このコピュータのつかい方が分からないんだよ。

　　　あなた：じゃあ、＿＿＿＿＿＿＿＿＿＿＿＿＿＿＿＿＿＿＿＿。

　　　弟：うん、おねがい。

V. Expressing time limits using までに (*by ~, by the time ~*)

A. Complete the following sentences by filling in the blank with either まで or までに.

1. 留学したい人は明日 _____、もうしこんで下さい。

2. 今日は試験があったので、昨日の晩は２時_____勉強しました。
   しけん

3. きれいな海でおよぎたかったので、ハワイ_____行きました。

4. くるまを買うために、来年_____、１００万円ためなければいけません。

5. 先生が来る_____、宿題をしちゃった方がいいよ。
   しゅくだい

B. Look at the tasks on the calendar. The numbers in parentheses preceding each entry correspond to the numbered blanks below the calendar. Create a sentence for each one to describe what must be done and by when, using ～までに～なければいけません.

■ Example: 二日までに、経営学のレポートを書かなければいけません。
            けいえい

日	月	火	水	木	金	土
	1	2 (Example) must write a report for management class	3	4 (1) must submit Japanese composition	5	6
7	8	9	10 (2) must return a book to the library	11	12 (3) must pay tuition	13 (4) must clean room

1. _____。

2. _____。

3. _____。

4. _____。

総合練習　Integration
そうごう

つぎの文 (text) を読んで、質問に答えて下さい。
ぶん

　あなたは家事が好きですか。家事は家の中の仕事のことで、料理、そうじ、せ
かじ　　　　　　かじ　　　　　　　　　　　　　　　　　　　　　　　　りょうり
んたくのことですが、あなたの家族では、だれがどんな家事をしていますか。みな
さんは、日本の家族で男の人と女の人とどちらの方がたくさん家事をする（　①　）
かじ
知っていますか。

　2011 年の調査では、結婚している男の人が家事をする時間は 40 分ぐらいで、
ちょうさ　　　　　　　　　　　　　　　かじ
女の人が家事をする時間は 3 時間半だそうです。日本の男の人が家事をする時間は
かじ　　　　　　　　　　　　　　　　　　　　　　　　　　　　　　かじ
とてもみじかいと思いませんか。女の人が男の人にしてほしいと思っている家事は、
かじ
「ゴミだし」が一番多くて、45.8% の女の人がそう思っているそうです。実際、会
じっさい
社に行く前にゴミを出し（　②　）男の人も多いそうです。「ゴミだし」のつぎに
多いのは「お風呂のそうじ」で 27.8%、そのつぎに多いのが「食事をした後のかた
ふろ
づけ」の 17.4% です。

　では、男の人は女の人にどんな家事をしてほしいと思っているでしょうか。
かじ
2015 年の調査では、「料理」が一番多くて 43.2%、そして、その つぎが「トイレ
ちょうさ　　　りょうり
のそうじ」の 17.3% です。むかしの日本では、料理は女の人の仕事でした。だから、
りょうり
あまり男の人が家で料理をしませんでした。最近は、料理が好きな男の人も多いで
りょうり　　　　　　さいきん　りょうり
すが、たくさんの男の人が女の人に料理をしてほしいと思っているのは、まだ料理
りょうり
をするのは女の人の仕事と思っている男の 人 が多いからかもしれません。

2011 年 総務省統計局「社会基本生活調査」　2015 年 マイナビウーマン調べ
そうむしょうとうけいきょく　きほん　かつちょうさ　　　　　　　　　　しら

　ゴミ = trash　　調査 = survey　　かたづけ = clean up　　実際に = actually
　　　　　　　　ちょうさ　　　　　　　　　　　　　　　　じっさい

1. Select the best choice for ①.

　（と　　　　かどうか　　　か　　　　を）

　①_____

2. Which choice is the best fit for ② ?

　てくる　　　　ていく

　②_____

3. 思い は、だれが思いますか。

   a. 男の人　　b. 女の人　　c. この文 (text) を読んでいる人　　d. この文を書いている人

4. What does その refer to? Choose from the following.

   a. ゴミだし　　　b. お風呂のそうじ　　　c. 料理　　　d. トイレのそうじ

5. 人 is a noun that is modified by a preceding clause. Where does the modifying clause start?

   a. 料理をして　　　b. 思っている　　　c. まだ　　　d. 料理

6. むかしの男の人はどうして料理をしませんでしたか。

   _____

7. この文を書いている人は、男の人はどうして女の人に料理をしてほしいと思っている
   とかんがえていますか。

   _____

8. ○×をつけなさい (to put)。（○ = True,　× = False）

   （　　　）日本では、男の人と女の人が家事をする時間は同じです。

   （　　　）17.4% の女の人は男の人にお風呂のそうじをしてほしいと思っている。

   （　　　）女の人に料理をしてほしいと思っている男の人が一番多い。

   （　　　）今は料理をするのが好きな男の人も多い。

9. 結婚したら、あなたは夫／妻にどんなことをしてほしいと思いますか。

   _____

   _____

書く練習　**Writing Practice**

A. Look at the chart on pages 210–212 of your textbook and write each kanji ten times using the handwritten style

郵											
便											
局											
銀											
送											
紙											
住											
所											
引											
練											
習											
受											
宿											
題											
試											

験
教
文
法
意
味
取
用

B. Rewrite each sentence using **kanji** and **hiragana**.

1. みっかまえにゆうびんきょくで　てがみをだしました。

   _____

2. こづつみをおくりたいので、たかださんのじゅうしょをおしえてください。

   _____

3. あたらしいかんじのれんしゅうをいちじかんしました。

   _____

4. しけんをうけるまえに、わからないたんごのいみをせんせいにききました。

   _____

5. せんせいはにほんごのぶんぽうをせつめいしました。

   _____

6. ぎんこうでじゅうまんえんをひきだしました。

   _____

7. じゅういちじまでえいごのしゅくだいをします。

   _____

8. しゅうまつは、りょうしんのいえに　にもつをとりにいくようじがあるので、かえり
   ます。

   _____

ラボの練習　Lab Activities

Part 1: Speaking and Listening Comprehension Activities

I. Expressing and inquiring about one's factual knowledge using the clause か（どうか）

A. Listen to the following conversations and write sentences using 〜か（どうか）.

■　You hear:　女：宅配便が送りたいんだけど、ちかくにコンビニある？
　　　　　　　　　　たくはいびん　おく

　　　　　　　　男：ああ、コンビニだったら、図書館のとなりにあるよ。
　　　　　　　　　　　　　　　　　　　　　　と

You write: 女の人は、<u>ちかくにコンビニがあるかどうか</u>聞きました。

1. アリスさんは_____忘れました。

2. 男の人は_____分かりません。

3. 女の人は_____分かりません。

4. 男の人は女の人に_____教えました。
　　　　　　　　　　　　　　　　　　　　　　　　　　　　　　おし

5. 女の人は_____おぼえていません。

B. Listen to the questions and respond using 〜か（どうか）.

■　You hear: 日本の郵便局に ATM がありますか。
　　　　　　　　　ゆうびんきょく

You say and write: <u>すみません、日本の郵便局に ATM があるかどうか分かりません。</u>
　　　　　　　　　　　　　　　　　ゆうびんきょく

1. _____。

2. _____。

3. _____。

II. Expressing movement away from or toward the speaker through space using ～ていく and ～てくる

A. You are at home. Listen to the statements and indicate with an arrow whether the action is moving toward or away from the speaker. Also, write in the box the activity being performed.

■ You hear: 銀行でお金を引き出してきました。
ぎん　　　　　　　　　ひ

You draw an arrow toward 私の家 and write お金を引き出す in the box.
ひ

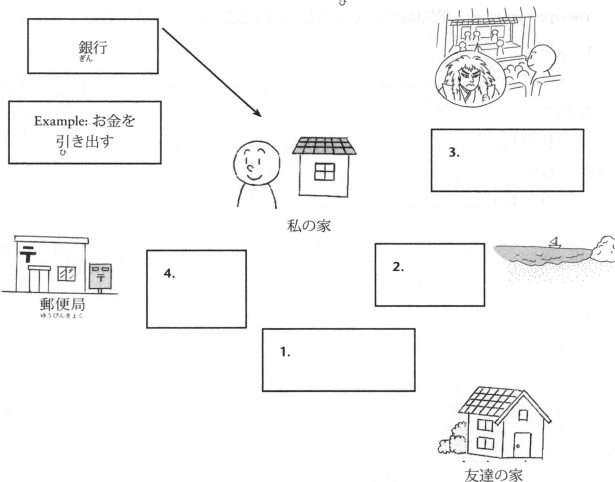

銀行
ぎん

Example: お金を
引き出す
ひ

3.

私の家

郵便局
ゆうびんきょく

4.

2.

1.

友達の家

B. Listen to the dialogues and describe the situations using ～ていく or ～てくる.

■ Example: 大学で

You hear: 先生：宿題をしましたか。

学生：いいえ、しませんでした。すみません。

You say: 学生は<u>大学</u>に<u>宿題</u>をしてきませんでした。

You hear: 学生は大学に宿題をしてきませんでした。

You repeat and write: 学生は<u>大学</u>に<u>宿題</u>をしてきませんでした。

1. 家で

子供は_____。

2. 家で

アリスは_____。

3. 学校で

女の人は_____。

III. Expressing one's desire for someone to do something using
〜てもらう／いただく and 〜てほしい

A. Listen to the dialogues. Decide to whom the request should be made and also select the illustration which best represents the action being described.

■ You hear: A: ごめん、コーヒーが飲みたいから、おゆをわか

         してほしいんだけど。

        B: いいよ。

You see and circle: ルームメート and **a** because the person in the dialogues used 〜てほしい,

         which is a casual request and the content of the request is to boil water.

だれに：   先生 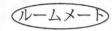 通行人 (*passerby*)
            つうこうにん

    a   **b**   **c**

1. だれに：   先生 友達 通行人 (*passerby*)
              つうこうにん

    a   **b**   **c**

2. だれに：   先生 通行人 (*passerby*) クラスメート
           つうこうにん

    a   **b**   **c**

3. だれに： クラスメート　ホストファミリーのお母さん　妹

           a   b   c

4. だれに： 先生　通行人 (*passerby*)　クラスメート
つうこうにん

           a   b   c

B. Listen to the questions and answer them by selecting the appropriate illustration and using 〜てほしい, 〜もらう, or 〜いただく.

■ You hear: このへやはくらいから、本が読めません。ルームメートに何をたのみますか。

You see and say: 電気をつけてほしいんだけど。

You hear: 　　　　　電気をつけてほしいんだけど。

You repeat and write: 電気をつけてほしいんだけど。

1.

2.

_____

3.

_____

4.

_____

Optional

C. 質問に日本語で答えて下さい。

1. _____

2. _____

3. _____

IV. Expressing willingness using 〜ましょう／ましょうか

A. Listen to the conversations and choose what action you will offer to take.

■ You hear: ちょっと暑いですね。

You see and say: まどをあけましょう。

You hear: まどをあけましょう。

You repeat and write: <u>まどをあけましょう。</u>

1.

_____

2.

_____

3

_____

4.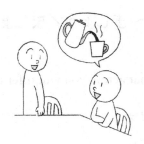

_____

B. Listen to the conversations and choose the most appropriate response for each.

■ You hear: 　　　　女の人：ちょっと寒いですね。

　　　　　　　　　　男の人：そうですね。まどをしめましょう。

　You see: 　　　　ごめんなさい　　　ありがとう。　　　おだいじに。

　You circle: 　　　ありがとう。

　You hear: 　　　　ありがとう

　You repeat: 　　　ありがとう

1. かまいません。　　　　たすかります。　　　ありがとうございました。

2. ええ、どうぞ。　　　　ええ、もちろん。　　　本当<ruby>とう</ruby>にいいんですか。

3. そうだね。　　　　　　おねがい。　　　　　たすかります。

V. Expressing time limits using までに (*by ~, by the time ~*)

A. Listen to the conversations and fill in the schedule below.

■ You hear: 学生：この宿題はいつ出しますか。
　　　　　　　　　　しゅくだい

　　　　　　先生：その宿題は、来週の月曜日までに出して下さい。
　　　　　　　　　しゅくだい

You write:「この日までに宿題を出す」for the 11th.
　　　　　　　　　　　　しゅくだい

月曜日	火曜日	水曜日	木曜日	金曜日	土曜日	日曜日
4	5 Today	6	7	8	9	10 7:00 p.m. 友達が来 る。
11 Example： この日ま でに宿題 を出す しゅくだい	12	13	14	15 10:00 a.m. 日本語の 試験 し けん	16	17

B. Listen to the monologues and answer the questions.

■ You hear:　　　　　　いつまでに同窓会にもうしこまなければいけませんか。
　　　　　　　　　　　　　　　そう

You say:　　　　　　二十日までにもうしこまなければいけません。

You hear:　　　　　　二十日までにもうしこまなければいけません。

You repeat and write:　二十日までにもうしこまなければいけません。

1. _____

2. _____

3. _____

Part 2: Dict-A-Conversation

手数料 =*transaction fee*
て すうりょう

At a bank: Smith goes to a Japanese bank to send money to the United States.

スミス： _____

銀行員： _____
ぎんこういん

スミス： _____

銀行員： _____
ぎんこういん

スミス： _____

銀行員： _____
ぎんこういん

スミス： _____

銀行員： _____
ぎんこういん

スミス： _____

銀行員： _____
ぎんこういん

スミス： _____

銀行員： _____
ぎんこういん

Chapter 5
第五課
だい か
Asking for and Giving Directions
道の聞き方と教え方
みち

Workbook Activities

単語の練習 Vocabulary Practice
たん

A. Draw a line from each noun below to the verb it should go with.

■ Example: A   B

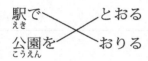

駅で   とおる
えき
公園を   おりる
こうえん

A   B

1. かどを   わたる

2. 道が   とめる
みち

3. コンビニに   こむ

4. 橋を   乗り換える
はし   の か

5. 電車に   まがる
しゃ

6. 車を   よる
くるま

B. Fill in the parentheses with the appropriate word from the list below.

> a. まっすぐ　b. むかいがわ　c. 地図　d. かいだん　e. 急行　f. すぐ　g. 行き
> 　　　　　　　　　　　　　　ち　ず　　　　　　　　　　きゅうこう　　　　　　い

■ Example: たいてい朝御飯を食べたら、（　f　）家を出ます。
　　　　　　　　　ごはん

1　足をけがしているので、（　　　）をつかって３かいに上がれません。

2.　この電車は（　　　）ですから、つぎの駅にはとまりません。
　　　　　　　しゃ　　　　　　　　　　　　　　　　　えき

3.　この道を（　　　）行って、映画館の手前を右にまがって下さい。
　　　　　　みち　　　　　　　　　えいがかん　てまえ　みぎ

4.　大使館への行き方が分からなかったから、（　　　）を書いてもらった。
　　　　たいし

5.　東京（　　　）の特急列車は、９時 15 分に３番線から出ます。
　　　　きょう　　　　　とっきゅうれっしゃ　　　　　　　　　　ばんせん

6.　市役所の（　　　）に地下鉄の駅があるから、便利だ。
　　　　しやくしょ　　　　　　ちかてつ　えき　　　　　り

C. 質問に日本語で答えて下さい。

1.　～さんの家から、どんな物や建物が見えますか。
　　　　　　　　　　　　　　　　たて

_____

2.　～さんは家に帰る時、よくどんな所によりますか。

_____

3.　～さんの家からバスていまで近いですか。遠いですか。どのぐらいかかりますか。
　　　　　　　　　　　　　　　　ちか　　　　　とお

_____

4.　～さんの国の電車の駅に、改札口がありますか。
　　　　　　　　しゃ　えき　　かいさつぐち

_____

5.　横断歩道をわたる時、～さんの町の人はしんごうをまもります（*to obey*）か。
　　　おうだんほどう

_____

6.　～さんが高校の時に住んでいた町に、何という和食の店がありましたか。
　　　　　　　　　　　　　　　　　　　　　　　　わ

_____

I. Expressing a route using the particle を; expressing a point of departure using the particle を; expressing scope or limit using the particle で

Fill in the parentheses with the appropriate particle. If no particle is necessary, put an X in the blank.

1. A: この薬 （　　） いくら （　　） 買いましたか。

   B: 800円 （　　） 買いました。

2. A: どこ （　　） バス （　　） おりますか。

   B: 駅の前 （　　） おります。

3. その出口 （　　） 出て、5番のバス （　　） 乗って下さい。

4. A: すみません、このへん （　　）、コンビニがありますか。

   B: ええ、この道 （　　） まっすぐ （　　） 行って、つきあたり （　　） 右 （　　） まがって下さい。左側 （　　） コンビニ （　　） 見えます。

5. A: すみません、バスていはどこ （　　） ありますか。

   B: 三つ目のかど （　　） 左 （　　） 行って下さい。

6. A: 上田さんは、何年 （　　） 高校 （　　） 卒業しましたか。

   B: 2013年 （　　） 卒業しました。

7. A: この地下鉄 （　　） 新宿駅 （　　） 行けますか。

   B: ええ、新宿まで、ここから10分 （　　） 行けますよ。

II. Expressing conditions leading to set consequences using the plain form + と

A. Look at the chart below. For each Japanese word given in the column on the left, fill in the columns to the right with the correct affirmative and negative forms in Japanese.

Dictionary Form	Affirmative	Negative
本	本だと	本じゃないと
わたる		
橋 _{はし}		
近い _{ちか}		
便利 _り		
乗り換える _{の　か}		
おぼえる		
駐車場 _{ちゅうしゃじょう}		
じゆう		

B. Draw an arrow from the phrases in column A to the appropriate sentence in column B.

■ Example:　　　　A　　　　　　　　　　　B

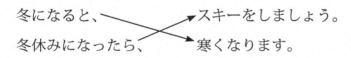

冬になると、　　　　　　スキーをしましょう。

冬休みになったら、　　　寒くなります。

　　　　　　　A　　　　　　　　　　　　B

日本は七月になると、　　　海に行きたいです。

夏になったら、　　　　　　友達に電話するつもりです。

駅を出ると、
_{えき}　　　　　　　暑い日がつづきます。

地下鉄をおりたら、
_{ちかてつ}　　　デパートが見えます。

C. Insert 〜と at the end of each sentence then complete the sentence with an appropriate phrase.

■ Example:　春になります。

　　　　　春になると、あたたかくなります。

1. 各駅停車に乗ります。
　　　かくえきていしゃ

_____

2. アパートは駅に近いです。
　　　　　　　　えき　ちか

_____

3. むりをします。

_____

4. 日本語が上手です。

_____

D. Look at the map below. You are at the station. Complete the dialogue using ~と.

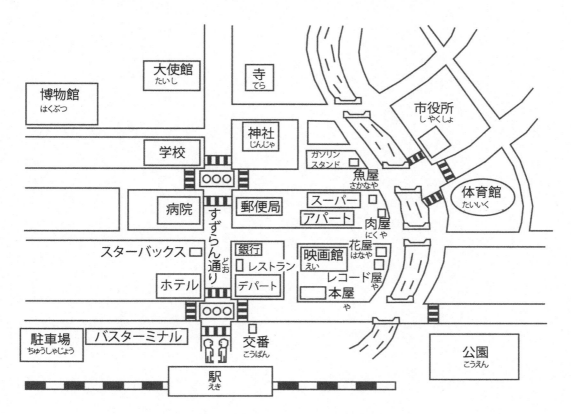

■ Example:　A: バスターミナルはどこですか。

　　　　　　B: 駅を出て、<u>左に行くと</u>バスターミナルがあります。
　　　　　　　　えき　　　ひだり

1. A: すみません、このへんにスーパーがありますか。

　　B: ええ、ありますよ。この道をまっすぐ行って、＿＿＿＿＿＿＿＿＿＿＿＿＿＿＿＿、
　　　　　　　　　　　　　　　みち
　　　右側に見えます。
　　　みぎがわ

2. A: あのう、公園はどこでしょうか。
　　　　　　　こうえん

　　B: ああ、公園ですか、公園は駅を出て、右に行って、＿＿＿＿＿＿＿＿＿＿＿＿
　　　　　こうえん　　　こうえん　えき　　　みぎ
　　　右側にあります。
　　　みぎがわ

3. A: あのう、博物館に行きたいんですけど。
　　　　　　　はくぶつ

　　B: 博物館は、この道をまっすぐ行って、＿＿＿＿＿＿＿＿＿＿＿＿＿＿＿＿＿＿
　　　はくぶつ　　　　みち
　　　右側に見えます。白いりっぱな建物ですよ。
　　　みぎがわ　　　　　　　　　たて

III. Expressing chronology using the て -form of the verb + から

A. Circle the correct expression. If both are acceptable, circle both.

■ Example: 日本に（来てから　来た後で）、１か月になりました。

1. 日曜日は本を（読んでから　読んだ後で）、そうじをした。

2. 手を（あらって [to wash] から　あらった後で）、食べて下さい。

3. 日本語の勉強を（はじめてから　はじめた後で）、毎日ルームメートと日本語を話しています。

4. 日本へ（行ってから　行った後で）、ガイドブックを買いました。

B. Complete the following sentences using 〜てから.

1. 先生: 授業の後で何をしますか。

   学生: そうですね、_____、図書館で勉強するつもりです。

2. A: 車を買うの？

   B: うん、でも、車のことはよく分かんないから、_____
   _____、どの車を買うかきめようと思ってるんだ。

3. A: 来週、ホテルの前にあるイタリアりょうりのレストランに一緒に晩御飯を食べに行きませんか。

   B: いいですね。でも、あのレストランはいつもこんでいるから、電話で
   _____、行った方がいいですね。

4. スミス: 日本人は、朝、シャワーあびるの？

   田中: うん、朝、シャワーをあびる人もいるけど、ぼくは、たいてい
   _____、寝るんだ。

C. 質問に答えて下さい。

1. ～さんは高校を卒業してから、どのぐらいですか。

   _____

2. ～さんは、たいてい家に帰ってから、何をしますか。

   _____

3. ～さんは、何をしてから、授業に来ますか。

   _____

D. Look at the map below. Based on the information given on the map, write Japanese sentences using the pattern 〜てから.

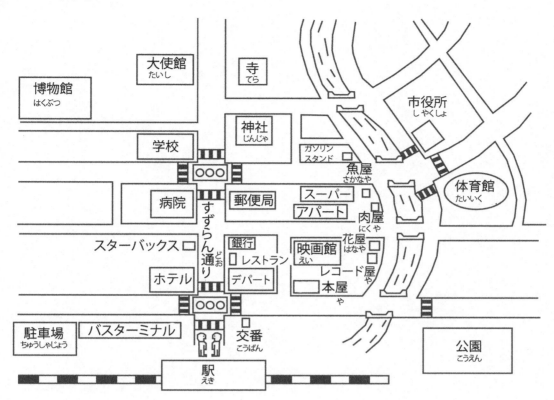

■ Example:　From 駅 to 公園
えき　　　　こうえん

すずらん通りをまっすぐ行ってから、一つ目のこうさてんを右にまがって、橋をわたると、
どお　　　　　　　　　　　　　　　　　め　　　　　　　　　　　　　　　　　　はし
公園があります。
こうえん

1. From バスターミナル to 神社
じんじゃ

_____

_____

2. From 郵便局 to 市役所
し やくしょ

_____

_____

3. From 銀行 to 駐車場
ちゅうしゃじょう

_____

_____

IV. Expressing presuppositions using the plain form + はず

A. Choose a word from the box that will complete each sentence. Change it to a form appropriate for use with 〜はず.

> 寒い　いる　　通る　なくなる　けんこう　遠い　銀行
> とお　　　　　　　　　　　　　　　とお

■ Example: フロリダは南にあるので、クリスマスの時も<u>寒くない</u>はずです。

1. 安田さんは、毎日うんどうしているから、_____です。

2. 東京から大阪に電車で行く時は、京都を_____です。
   きょう　さか　でんしゃ　　　　　　きょうと

3. A: あのう、ATM をさがしているんですが。

   B: ATM ですか。あの古い建物は、_____ですから、あそこに
   たて
   あると思いますよ。

4. A: この有名な経営学の学者、今、どの大学で教えてるか知ってる？
   ゆう　けいえい

   B: ああ、その人、もう_____だよ。

5. A: 羽田空港から東京駅までどのぐらいかな？
   はね だ　　きょうえき

   B: 40分ぐらいだから、あまり_____だよ。

6. スミス：日本行きの飛行機の切符を買う時、パスポートがいりますか。
   い　ひ　き　ぶ

   田中：いいえ、_____ですが、旅行会社の人に聞いた方が
   いいかもしれませんね。

B. Complete the sentences by filling in the blank with an appropriate ending using 〜はず.

■ Example:　スミスさんは東京に住んでいたから、アメリカ大使館がどこにあるか、
　　　　　　　知っているはずだ。

1. A: この電車に乗ったら、何時に空港に着きますか。
でんしゃ

　B: これは特急ですから、30分で空港に＿＿＿＿＿＿＿＿＿＿＿＿＿＿。
　　　とっきゅう

2. クレジットカードを持っていたら、ATMでお金が＿＿＿＿＿＿＿＿＿＿＿＿＿＿。

3. 山田さんは、いつもハンバーガーやステーキを食べているから、

＿＿＿＿＿＿＿＿＿＿＿＿＿＿＿＿＿＿。

4. スミスさんは、3年前に日本へ行ったことがあるそうです。スミスさんは、今大学の
二年生だから、その時は、＿＿＿＿＿＿＿＿＿＿＿＿＿＿。

5. このりょうりは、有名なりょうりの先生に教えてもらったりょうりだから、すごく
　　　　　　　　　　　　ゆう

＿＿＿＿＿＿＿＿＿＿＿＿＿＿。

V. Expressing conditions originated by others using 〜（の）なら

A. Complete the following dialogues using 〜なら.

■ Example:　A: 明日は、雨かもしれませんね。

　　　　　　B: ＿＿＿＿雨なら＿＿＿＿、テニスじゃなくて、映画を見に行きましょう。

1. A: ルームメートがしずかじゃないから、部屋で勉強できないんだ。
　　　　　　　　　　　　　　　へや

　　B: ＿＿＿＿＿＿＿＿＿＿＿＿＿＿＿＿＿＿＿＿＿、図書館で勉強したら、どう？
　　　　　　　　　　　　　　　　　　　　　　　　　と

2. A: 車で町に行こうと思っているんですが、どこに車をとめたらいいでしょうか。
　　　　くるま　まち　　　　　　　　　　　　　　　　　くるま

　　B: ＿＿＿＿＿＿＿＿＿＿＿＿＿＿＿＿＿＿＿＿、市役所のとなりの駐車場
　　　　　　　　　　　　　　　　　　　　　　　　しやくしょ　　　　　　ちゅうしゃじょう
　　　が便利ですよ。
　　　　　り

3. A: すみません、地下鉄の駅をさがしているんですが。
　　　　　　　　ちかてつ　えき

　　B: ああ、＿＿＿＿＿＿＿＿＿＿＿＿＿＿＿＿、ここを道なりにまっすぐ行くと右側に
　　　　　　　　　　　　　　　　　　　　　　　　　　みち　　　　　　　　　みぎがわ
　　　見えますよ。

4. 患者 (patient)：おなかは、痛くありません。
　　　かんじゃ

　　　　　医者：そうですか。＿＿＿＿＿＿＿＿＿＿＿＿＿、薬は飲まなくてもいいですよ。

B. Complete the following dialogues using 〜なら.

■ Example: A: この漢字の読み方が分からないんだけど。

　　　　　　B: 漢字の読み方が分からないなら、辞書でしらべたらどう？
　　　　　　　　　　　　　　　　　　　　じ

1. A: 単語をおぼえるのがとてもおそいんです。
　　　たん

　　B: ＿＿＿＿＿＿＿＿＿＿＿＿＿＿＿＿＿＿＿＿＿＿＿＿。

2. A: 銀行口座のひらき方がよく分からないんですが。
　　　ぎんこうこうざ

　　B: ＿＿＿＿＿＿＿＿＿＿＿＿＿＿＿＿＿＿＿＿＿＿＿＿。

3. A: 来週はいそがしい？

　　B: ううん、ひまだけど。

　　A: ＿＿＿＿＿＿＿＿＿＿＿＿＿＿＿＿＿＿＿＿＿＿＿＿。

C. Use 〜なら to complete the following dialogues basing your responses on the map below.

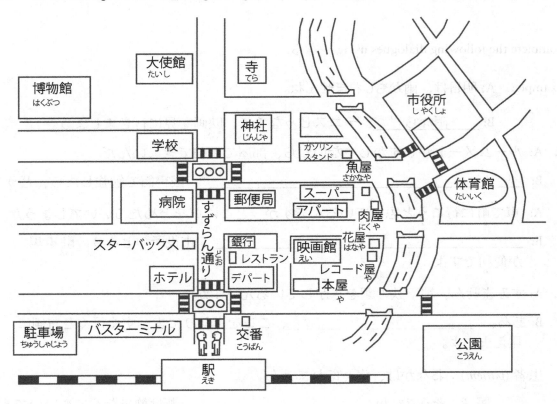

■ Example: A: このへんに駐車場がありますか。
ちゅうしゃじょう

B: 駐車場なら、バスターミナルのとなりにありますよ。
ちゅうしゃじょう

1. A: あのう、このへんにスーパーがありますか。

   B: _____

2. A: あのう、学校はどこにありますか。

   B: _____

3. A: すみません、公園に行きたいんですが。
      こうえん

   B: _____

総合練習　Integration
そうごう

つぎの文（*text*）を読んで、質問に答えて下さい。
ぶん

日本の鉄道（*railroad*）のれきし
てつどう

　日本で 10 月 14 日が何の日か知っていますか。日本では、この日は「鉄道の日」
てつどう
です。なぜなら、1872 年のこの日に、日本ではじめて鉄道が開業したからです。
てつどう　かいぎょう

　日本は鉄道を作るために、イギリス人から鉄道の技術を教えてもらいました。
てつどう　　　　　　　　　　　　　　　　　　　　　　てつどう　ぎじゅつ
そして、蒸気機関車はイギリスから持ってきた 蒸気機関車 をつかいました。はじ
じょうき き かんしゃ　　　　　　　　　　　　　　　　 じょうき き かんしゃ
めての鉄道は東京の新橋から横浜まで、29km を走りましたが、その 29km の 1/3
てつどう　　　　しんばし　よこはま
は海の上に線路を作り、そこを通っていたそうです。そして、スピードは時速 32
うみ　　せんろ　　　　　　　　　　　　　　　　　　　　　　　　　　　　 じそく
キロぐらいで、新橋から横浜まで、だいたい 50 分ぐらい（①）着いたそうです。
　　　　　しんばし　よこはま
この鉄道が開業してから、2 年後に大阪と神戸の間にも鉄道が走りました。
てつどう　かいぎょう　　　　　　　　さか　こうべ　　　てつどう

　今も東京に新橋という駅がありますが、 この駅 は 1872 年に作った駅ではあり
しんばし
ません。むかしの新橋駅は今はもうありません。むかしの新橋駅の後に、今は鉄道
しんばし　　　　　　　　　　　　　　しんばし　　　　　　　　　てつどう
歴史展示室という展示室があります。JR の新橋駅の銀座口の出口（②）出て、昭
れきし てんじ しつ　　　てんじ しつ　　　　　　しんばし　ぎんざぐち　　　　　　　しょう
和通りを右に行くと 5 分ぐらいで鉄道歴史展示室が見えます。駅から近いですから、
　　　　　　　　　　　てつどうれき し てんじ しつ
すぐに分かるはずです 。この展示室は、お金がいらないので、みなさんも東京に行っ
わ　　　　　　　　てんじ しつ
たら、行ってみて下さい。でも、時々鉄道歴史展示室は休みになりますから、ホー
　　　　　　　　　　　　　　てつどうれき し てんじ しつ
ムページで休みをしらべてから、行きましょう。

開業する ＝ *to open*　蒸気機関車 ＝ *steam locomotive*　線路 ＝ *train track*　展示室 ＝ *Exhibition Hall*
かいぎょう　　　　　　じょうき き かんしゃ　　　　　　　　せんろ　　　　　　　　　　てんじ しつ

1. 蒸気機関車 is a noun that is modified by a preceding clause. Where does the modifying clause
じょうき き かんしゃ
start?

　　a. そして　　　b. 蒸気機関車は　　　c. イギリスから　　　d. 持ってきた
　　　　　　　　　　　じょうき き かんしゃ

2. Write the most appropriate particles for ① and ②

　　① _____　　　② _____

3. What do these words refer to?

　　 この 　a. 新橋　　b. 横浜　　c. 大阪　　d. 神戸
　　　　　　しんばし　　 よこはま　　 さか　　 こうべ

4. すぐに分かるはずです は、何がすぐに分かりますか。

    a. 新橋駅　　　b. 銀座口　　　c. 昭和通り　　　d. 鉄道歴史展示室
     しんばし　　　ぎんざぐち　　　しょうわ　　　てつどうれきしてんじしつ

5. 10月14日は、どうして「鉄道の日」ですか。
                 てつどう

_____

6. 鉄道歴史展示室に行く時は、何をしてから行った方がいいですか。
   てつどうれきしてんじしつ

_____

7. 鉄道歴史展示室のホームページで何が分かるはずですか。
   てつどうれきしてんじしつ

_____

8. 鉄道歴史展示室は、A、B、Cのどこですか。
   てつどうれきしてんじしつ

鉄道歴史展示室は、＿＿＿＿＿です。
てつどうれきしてんじしつ

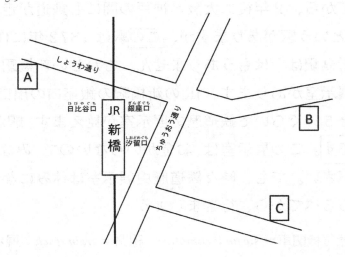

9. ○×をつけなさい (*to put*)。（○ = True、 × = False）

（　　）新橋と横浜の間の鉄道は、10km ぐらいは海の上の線路走っていた。
      しんばし　よこはま　　あいだ　てつどう　　　　　　　　　　　　　　　　　　せんろ

（　　）まだ、むかしの新橋駅が残っている。
           しんばし

（　　）大阪と神戸の鉄道は 1874 年に開業した。
      さか　こうべ　てつどう　　　　　　　かいぎょう

（　　）鉄道歴史展示室に入るためにお金をはらう。
      てつどうれきしてんじしつ

書く練習　Writing Practice

A. Look at the chart on pages 256–258 of your textbook and write each **kanji** ten times using the handwritten style

場										
寺										
橋										
町										
映										
公										
園										
図										
地										
鉄										
駅										
育										
道										
部										
屋										

車
右
左
近
遠
通
飛
京

B. Rewrite each sentence using **kanji** and **hiragana**.

1. このちずにはにほんたいしかんのばしょがかいてありません。

   _____

2. このみちをまっすぐいくと、みぎがわにおてらがあります。

   _____

3. はしをわたると、ひだりがわにとしょかんがみえます。

   _____

4. ちかてつのえきからこうえんにいくときは、このみちをとおるとちかいです。

   _____

5. でんしゃにのって、まちのえいがかんにいきました。

   _____

6. ここからとうきょうはとおいので、ひこうきにのっていくつもりです。

   _____

7. わたしのへやのまどから、だいがくのたいいくかんがみえます。

   _____

ラボの練習　Lab Activities

Part 1: Speaking and Listening Comprehension Activities

I. Expressing a route using the particle を; expressing a point of departure using the particle を; expressing scope or limit using the particle で

A. Listen to the following incomplete sentences and complete them. Then write the correct particles on the underlines and put the letter designating the correct picture for each sentence in the parentheses.

■ You hear:　　　　　　バス／乗ります

You say:　　　　　　バスに乗ります

You hear:　　　　　　バスに乗ります

You write and choose: <u>に</u>　（ a. ）

1. _____ （　） 　4. _____ 　　　　　　　　　　　　（　　）

2. _____ （　） 　5. _____ _____ 　　　　　　　（　　）

3. _____ （　） 　6. _____ _____ _____ 　　　（　　）

a

b

c

d

e

f

g

II. Expressing conditions leading to set consequences using the plain form + と

A. Listen to the statements and change them by using 〜と. Then end the sentence with the appropriate phrase from a–f below.

■ You hear: 春になります。

You say and choose: 春になると、あたたかくなります。

You hear: 春になると、あたたかくなります。

You repeat: 春になると、あたたかくなります。

You write: <u>春になると、</u>（ a. ）

a. あたたかくなります。

b. 便利じゃありません。
　　り

c. 早く着けます。

d. 時間がかかります。

e. 電車がこみます。
　　しゃ

f. 勉強できません。

1. _____ （　　）

2. _____ （　　）

3. _____ （　　）

4. _____ （　　）

5. _____ （　　）

B. A stranger asks you for directions. Provide directions to where he wishes to go using 〜と.

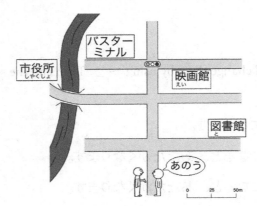

■ You hear:　　　　　　あのう、図書館はどこですか。
　　　　　　　　　　　　　　　　と

You say:　　　　　まっすぐ行って、一つ目のかどをまがると、左側にあります。
　　　　　　　　　　　　　　　　め　　　　　　　　　　　ひだりがわ

You hear:　　　　　まっすぐ行って、一つ目のかどをまがると、左側にあります。
　　　　　　　　　　　　　　　　め　　　　　　　　　　　ひだりがわ

You repeat and write:　まっすぐ行って、一つ目のかどをまがると、左側にあります。
　　　　　　　　　　　　　　　　　　　　め　　　　　　　　　　　ひだりがわ

1. _____

_____

2. _____

_____

3. _____

_____

III. Expressing chronology using the て -form of the verb + から

A. This is Mr. Kawakami's schedule. Listen to the questions and answer them based on the information provided below.

■ You hear: 川上さんはいつ家に帰りますか。

You say: 図書館で勉強してから、家に帰ります。
　　　　　　　と

You hear: 図書館で勉強してから、家に帰ります。
　　　　　　　と

You repeat and write: <u>図書館で勉強してから、家に帰ります。</u>
　　　　　　　　　　　　と

7:00	Wake up Have coffee at home
7:40	Leave for college
8:30	Arrive at college Eat breakfast at college cafeteria
9:00~10:30 10:40~12:10	History class Asian Studies class
12:10~	Lunch at a coffee shop
1:00~2:30	Literature class
2:30~3:00	Break
3:00~5:00	Study at library
5:00	Go back to home
6:30	Go to a part time job

1. _____

2. _____

3. _____

4. _____

B: 質問に答えて下さい。

1. _____

2. _____

3. _____

IV. Expressing presuppositions using the plain form + はず

A. Look at the chart below and answer the questions using 〜はず.

■ You hear: 明日は、晴れますか。

You say: ええ、晴れるはずです。

You hear: ええ、晴れるはずです。

You repeat and write: <u>ええ、晴れるはずです。</u>

	月曜日	火曜日	水曜日	今日 木曜日	金曜日	土曜日	日曜日
天気							
最高気温 最低気温	11℃ 3℃	10℃ 4℃	13℃ 5 ℃	14℃ 4℃	14℃ 5℃	7℃ 3℃	4℃ -2℃
風	SW 5 mph	NE 20 mph	S 5 mph	SE 5mph	SE 5 mph	WN 25 mph	N10 mph

（0℃ = 32℉）

1. _____

2. _____

3. _____

4. _____

5. _____

6. _____

B. Listen to the conversations, each of which will be followed by a question. Answer the questions based on what you heard in the conversations, using ～はず.

■ You hear:　　　　　　　男：田中さん、授業に来ませんね。

女：少し前に、電話がありましたよ。風邪をひいて寝ているそうです。
　　　　　　　　　　　　　　　　　　　　　　かぜ

Question:　　　　　　田中さんは、今日授業に来られますか。

You say and write:　　田中さんは授業に来られないはずです。

1. _____

2. _____

3. _____

4. _____

V. Expressing conditions originated by others using 〜（の）なら

A. Listen to each statement and respond using 〜なら and the most appropriate advice from a ~ f to complete the sentence.

■ You hear: 新宿に行きたいんですが。
しんじゅく

You say and choose: 新宿に行くなら、山手線が便利ですよ。
しんじゅく やまのてせん り

You hear: 新宿に行くなら、山手線が便利ですよ。
しんじゅく やまのてせん り

You repeat: 新宿に行くなら、山手線が便利ですよ。
しんじゅく やまのてせん り

You write: 新宿に行くなら、（ a ）
しんじゅく

a. 山手線が便利ですよ。
やまのてせん り

b. オフィスアワー (office hours) に行ったら、どうですか。

c. 明後日はどうですか。

d. 日本人の友達を作った方がいいですよ。

e. 春がいいですよ。

f. つきあたりにあります。

1. _____ （　　）

2. _____ （　　）

3. _____ （　　）

4. _____ （　　）

5. _____ （　　）

B. Listen to the statements and start your own conversation using 〜なら, and then give your comment or advice.

■ You hear: 銀行口座をひらこうと思っているんです。

You say and write: 銀行口座をひらくなら、判子がいりますよ。

1. _____

2. _____

3. _____

Part 2: Dict-A-Conversation

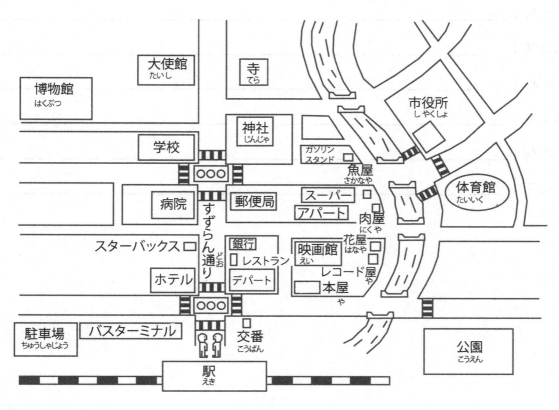

Kimura is lost and is seeking help with directions at the station exit.

木村： _____

スミス： _____

木村： _____

スミス： _____

木村： _____

スミス： _____

木村： _____

スミス： _____

木村： _____

スミス：＿＿＿＿＿＿＿＿＿＿＿＿＿＿＿＿＿＿＿＿＿＿＿＿＿＿＿＿＿＿＿

木村：＿＿＿＿＿＿＿＿＿＿＿＿＿＿＿＿＿＿＿＿＿＿＿＿＿＿＿＿＿＿＿

スミス：＿＿＿＿＿＿＿＿＿＿＿＿＿＿＿＿＿＿＿＿＿＿＿＿＿＿＿＿＿＿＿

木村：＿＿＿＿＿＿＿＿＿＿＿＿＿＿＿＿＿＿＿＿＿＿＿＿＿＿＿＿＿＿＿

スミス：＿＿＿＿＿＿＿＿＿＿＿＿＿＿＿＿＿＿＿＿＿＿＿＿＿＿＿＿＿＿＿

木村：＿＿＿＿＿＿＿＿＿＿＿＿＿＿＿＿＿＿＿＿＿＿＿＿＿＿＿＿＿＿＿

スミス：＿＿＿＿＿＿＿＿＿＿＿＿＿＿＿＿＿＿＿＿＿＿＿＿＿＿＿＿＿＿＿

Chapter 6
第六課
だい　か
Gifts

贈り物
おく　　もの

Workbook Activities

単語の練習 Vocabulary Practice
たん

A. 左の単語と右の説明をつなげ（*to connect*）ましょう。
　　たん　　　　せつめい

■ **Example:**

おさけ　　　　　　ごはんを食べる時に、料理をおいたり (*to put*) 入れたりする物です。

食器　　　　　　　ビールやワインのことです。
しょっき

1. お中元　　　　　　犬やねこのことです。
　　ちゅうげん　　　　いぬ

2. おもちゃ　　　　　夏にお世話になっている人にあげる贈り物です。
　　　　　　　　　　　　　せわ　　　　　　　　　　　おく　もの

3. お祝い　　　　　　会社や学校に後から入った人です。
　　いわ

4. 動物　　　　　　　十二月にお世話になっている人にあげる贈り物です。
　　どうぶつ　　　　　　　　　せわ　　　　　　　　　　　おく　もの

5. おせいぼ　　　　　子供があそぶ時に使う物です。
　　　　　　　　　　　　　　　　　　　つか

6. 後輩　　　　　　　子供が生まれた時や学校に入学する時にあげる贈り物です。
　　こうはい　　　　　　　　　　　　　　　　　　　　　　　　おく　もの

B. Fill in the parentheses with the letter designating the appropriate expression from the list below.

■ Example:　学生：先生１年間（　f　）

　　　　　　　先生：中国に帰っても、がんばって勉強して下さいね。

a. お気をつかわせてしまいまして

b. お好きだとよろしいのですが

c. 心配_{しんぱい}しないで下さい

d. お礼_{れい}にと思いまして

e. おめでとうございます

f. お世話になりました。

1. A: これ、日本のお土産_{みやげ}です。

　 B: すみません。（　　　　）。

　 A: いいえ、日本へ行く前に、色々やくにたつことを教えてもらったので、（　　　　）。

　 B: 本当_{とう}にすみません。

　 A: 日本のお菓子_{かし}です。（　　　　）。

　 B: ええ、大好きです。ありがとうございます。

2. A: お子さん、生まれたそうですね。（　　　　）。

　 B: ありがとうございます。

　 A: 何か贈り物_{おく　もの}をしようと思っているんですが、どんな物がいいでしょうか。

　 B: どうぞ、そんな（　　　　）。

C. 質問に日本語で答えて下さい。

1. ～さんの国には、母の日がありますか。母の日があるなら、母の日にどんな物をあげますか。母の日がないなら、どんな時にお母さんに贈り物をしますか。

おく　もの

_____

_____

2. ～さんは動物をかったことがありますか。かったことがあるなら、どんな動物をかったことがありますか。ないなら、どんな動物をかう人が多いですか。

どうぶつ　どうぶつ　どうぶつ

_____

_____

3. 病気の人にお見舞いを持って行きますか。お見舞いを持って行くなら、どんな物を持って行きますか。

みまい　みまい

_____

_____

4. ～さんの国で、日本のお菓子が買えますか。買えるなら、どんなお菓子が買えますか。

かし　かし

_____

_____

5. 日本の小説を英語で読んだことがありますか。読んだことがあるなら、何という小説を読みましたか。

しょうせつ　しょうせつ

_____

_____

Optional

D. Read the following sentences and circle the most appropriate choice.

■ Example: お客：この服の（大きい　　大きさ）が、分からないんですが。
　　　　　ふく

　　　　　店員：えっと、これは、Ｌサイズですよ。
　　　　　てんいん

1. A: 毎日、（暑い　　暑さ）ですね。

   B: そうですね。（暑い　　暑さ）で、病気になりそうですね。

2. A: 富士山の（高い　　高さ）は、どのぐらいですか。
      ふ じ さん
   B: えっと、3700 メートルぐらいだと思いますよ。

   A: へえ、（高い　　高さ）ですね。

3. A: この部屋の（ひろさ　　せまさ）は、どのぐらいですか。

   B: この部屋は、6 じょう (tatami mats) ぐらいです。

   A: 南にまどがあるので、（明るい　　明るさ）ですよ。

I. Using verbs of giving and receiving

A. Fill in the blanks with the appropriate particle. If there's more than one choice, write in all possible particles.

■ Example: 私は森山さん（　に　）本をあげます。

1. おばあさんは、子犬（　　）えさ（　　）やります。

2. 学校の卒業式を手伝ったら、大学（　　）お礼がもらえた。

3. 兄は先輩（　　）旅行（　　）お土産（　　）あげました。

4. 大使館（　　）パーティのしょうたいじょう（　　）もらいました。

5. 妹は本（　　）近所の人（　　）もらいました。

B. Read the dialogues below. Circle the verb in parentheses that best fits each dialogue.

■ Example: アリス：リーさんの誕生日に何を（あげ）もらっ　くれ）たらいいと思う？

　　　　　道子：そうね、リーさん本が好きだから、本はどう？

1. 先生：いい時計ですね。

　　学生：ありがとうございます。誕生日に母に（あげ　もらい　いただき）ました。

2. A: 来週は父の日だね。

　　B: そうだね。ぼくは父にネクタイを（あげる　下さる　差し上げる）つもりだよ。

3. 先生：おいしそうなお菓子ですね。

　　学生：ええ、前の授業で林先生がこれを（やり　くれ　下さい）ました。

4. A: 新しいかばんですか。

　　B: ええ、しゅうしょくのお祝いに祖母が（もらい　くれ　あげ）ました。

5. 先輩：　結婚、おめでとう。はい、これ。

　　　後輩：　あっ、先輩ありがとうございます。結婚して、みんなが色々な物を

　　　　　　（くれ　あげ　下さり）ました。社長からは 置物を

　　　　　　（もらって　いただいて　差し上げて）、同僚には食器を

　　　　　　（もらい　いただき　差し上げ）ました。

　　　先輩：よかったね。

C. Look at the picture below and create sentences using giving and receiving expressions.

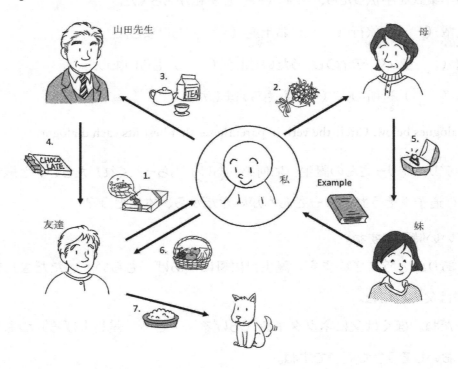

■ Example: <u>私は妹に本をもらいました。　or 妹は私に本をくれました。</u>

1. _____

2. _____

3. _____

4. _____

5. _____

6. _____

7. _____

II. Expressing the fact that something is easy or hard to do using the stem of the verb + やすい／にくい

A. Choose the most appropriate verbs from the list and complete the sentences using 〜やすい or 〜にくい . Pay attention to the tense in the main clause.

着る 読む 予約する 歩く かう 分かる

■ Example: 日本の着物は、一人では<u>着にくい</u>と思います。

1. 東京の地下鉄は色々な線_{せん}があって、_____ので、よく間違えてしまいます。

2. ねこは散歩_{さん}をしなくてもいいので、犬_{いぬ}より_____です。

3. 先生から教えてもらった小説_{しょうせつ}は_____から、一日で読んでしまいました。

4. あのレストランは、いつもこんでいて、_____ので、早く電話した方がいいですよ。

5. A: 昨日のハイキング、どうだった?

   B: うん。天気はよかったけど、道がすごくせまくて_____。だから、ちょっと大変だった。

B. 「〜やすい / にくい」を使って、質問に答えて下さい。

1. ひらがとカタカナとどちらの方がおぼえやすかったですか。

_____

2. 〜さんの大学の図書館は使いやすいと思いますか。

_____

3. 〜さんの国では、いい仕事をさがしやすいですか。さがしにくいですか。それは、どうしてですか。

_____

_____

4. 〜さんが今住んでいる町は、住みやすいと思いますか。住みにくいと思いますか。それは、どうしてですか。

_____

_____

III. Listing actions and states, and implying a reason, using the plain form + し

A. Complete the sentences using 〜し based on the information provided.

■ Example:　山田先生は親切です。そしておもしろいです。

　　　　　　山田先生は、<u>親切だし、おもしろいし、</u>いい先生だと思います。

1. レストランは安くありません。そして、きれいじゃありません。

    あのレストランは、_____、行きたくありません。

2. スパゲティはかんたんです。そして、おいしいです。

    スパゲティは_____、よく作ります。

3. 日本に留学して友達を作りました。そして、日本は楽_{たの}しかったです。

    日本に留学して、_____、もう一度日本に
    留学したいです。

4. 試験はむずかしかったです。そして、ながかったです。

    試験は_____、大変でした。

5. ツアーの旅行は自由_{じゆう}じゃありませんでした。そして、いそがしかったです。

    ツアーの旅行は_____、つかれました。

B. You have been asked for advice. Give the advice using 〜し.

■ Example: A: 来学期の授業、どんなクラスがいいと思う？

        B: そうだね。<u>この文学の授業はおもしろいし、先生もやさしいし、この文学の授業</u>はどう？

1. A: バレンタインデーの贈り物、何がいいかな？
   <small>おく　もの</small>

   B: そうだね。_____は
どう？

2. A: 新しいコンピュータを買おうと思っているんですが、どんなコンピュータがいいと思いますか。

   B: そうですね。_____
がいいと思いますよ。

3. A: 動物をかいたいんだけど、どんな動物がいいと思う？
   <small>どうぶつ</small>   <small>どうぶつ</small>

   B: そうだね。_____
がいいと思う。

4. A: 夏休みに、友達と旅行に行きたいんですけど、どこがいいと思いますか。

   B: そうですね。_____
はどうでしょうか。

Optional

C. 「〜し、〜し」を使って、質問に答えて下さい。
  <small>つか</small>

1. 図書館は勉強しやすいと思いますか。

   _____

2. 日本語の授業はどうですか。

   _____

3. よくファストフード（*fast food*）を食べますか。

   _____

IV. Trying something using 〜てみる

A. Make sentences for situations 1 through 4, based on the information in the chart.

	Person	Things they want to try
Example	friend	to study abroad
1.	neighbor	to keep a kitten
2.	boss	to live a foreign country
3.	colleague	to establish a trading company
4.	one's junior at school	to research Japanese history in graduate school

■ Example: 友達は、留学してみたいそうです。

1. _____そうです。

2. _____そうです。

3. _____そうです。

4. _____そうです。

B. Answer the questions using 〜てみる, and giving reasons for your choices.

■ Example: どんな授業をとってみたいですか。

スペイン語はおもしろそうだから、スペイン語の授業をとってみたいです。

1. どんなスポーツをしてみたいですか。

_____

_____

2. どんな国に行ってみたいですか。

_____

_____

3. 卒業したら、どんな仕事をしてみたいですか。

_____

_____

4. 日本に行ったら、何をしてみたいですか。

_____

_____

Optional

C. Your acquaintance is planning to visit your country (or city). Give advice to this person such as where to visit, what to see, what to eat, and so on. Use ~ てみる and 〜し in your advice.

■ Example: 日本へ行ったら、ぜひ京都に行ってみて下さい。きれいだし、たくさんお寺も あるし、とても楽しいです。そして、かいてんずし（*conveyor belt sushi*）で すしを食べてみて下さい。安いし、おいしいし、おもしろいと思います。それ から、コンビニにもよってみて下さい。日本のコンビニは便利だし、おいしい お菓子も買えます。

_____

_____

_____

_____

_____

V. Quoting speech and words, using ～と言う

A. Read the dialogues below and write what you have read as both direct and indirect quotes. Use the expressions ～と言う, ～と答える, and ～と聞く at least once each.

■ Example:　スミス：明日、いそがしいですか。

　　　　　　　田中：授業があるし、テストもあるし、いそがしいです。

Direct quote:　スミスさんは <u>「明日、いそがしいですか」と聞きました。</u>

Indirect quote: スミスさんは <u>明日いそがしいかと聞きました。</u>

1. 学生：明日、宿題がありますか。

   先生：いいえ、明日はありませんよ。

   Direct quote:　先生は_____。

   Indirect quote: 先生は_____。

2. 石田：リーさんはペットをかっていますか。
   <small>いし</small>

   リー：子犬がほしいけど、今はかっていません。
   <small>こいぬ</small>

   Direct quote: リーさんは_____。

   Indirect quote: リーさんは_____。

3. 先輩：風邪は大丈夫ですか。
   <small>せんぱい　かぜ　じょうぶ</small>

   後輩：はい、病院にも行ったし、薬も飲んだし、もう大丈夫です。
   <small>こうはい　　　　　　　　　　　　　　　　　　　じょうぶ</small>

   Direct quote:　先輩は_____。
   <small>せんぱい</small>

   Indirect quote: 先輩は_____。
   <small>せんぱい</small>

4. 上司：結婚のお祝いに、社長から贈り物をもらったそうだね。
   <small>じょうし　　　　いわ　　　　　　　おく　もの</small>

   部下：はい、きれいな置物をいただきました。
   <small>ぶか　　　　　　　おきもの</small>

   Direct quote:　部下は_____。
   <small>ぶか</small>

   Indirect quote: 部下は_____。
   <small>ぶか</small>

B. 質問に日本語で答えて下さい。

1. 日本語の先生は授業がはじまる時、よく学生に何と言いますか。

_____

2. 日本語の先生は授業がおわる時、よく学生に何と言いますか。

_____

3. 〜さんが住んでいる町に、何という和食のレストランがありますか。

_____

4. 日本語の勉強はどうですかという質問に、何と答えますか。

_____

総合練習　**Integration**
そうごう

つぎの文（*text*）を読んで、質問に答えて下さい。
ぶん

浦島太郎
うらしま たろう

　みなさんは日本の昔話を知っていますか。昔話はたくさんあるし、おもしろいし、
むかしばなし　　　　　　　　　　　　　むかしばなし
読みやすいから、読んだことがある人もいると思います。では、みなさんは「浦島
うらしま
太郎」という昔話を読んだことがありますか。
たろう　　　　むかしばなし

　浦島太郎は、わかい男の人で海の近くに住んでいました。ある日、太郎が海に
うらしま たろう　　　　　　　　　　　　　　　　　　　　　　　　　たろう
行くと、子供たちがすなはまでカメをいじめていました。やさしい太郎は子供たち
たろう
からカメをたすけて海にかえしてあげました。

　次の日、太郎がふねに乗ってつりをしている時、昨日たすけたカメが海の中か
たろう
ら出てきて、昨日のお礼に太郎を海の中にある 竜宮城 という所につれて行く
たろう　　　　　　　　りゅうぐうじょう
と言いました。太郎がカメの背中に乗ると、カメはどんどん海の中に入って行きま
たろう　　　　せ
した。

　竜宮城には乙姫というきれいな女の人がいました。乙姫は「カメをたすけてく
りゅうぐうじょう　おとひめ　　　　　　　　　　　　　　　おとひめ
れてありがとう」と太郎にお礼を言って、太郎においしい食事を出したり、きれい
たろう　　　　　　　　たろう
なさかなのおどりを見せたりしました。太郎はそこで楽しい三日間をすごしました。
たろう

　乙姫は太郎が家に帰る時、玉手箱という箱をあげました。その時、乙姫は箱の
おとひめ　たろう　　　　　　　たまてばこ　　　はこ　　　　　　　　　　　おとひめ　はこ
ふたはぜったいにあけないで下さいと言いました。太郎はカメに乗って家に帰って
行きました。家にもどると、なんと そこに はもう太郎の家はありませんでした。太
たろう　　た
郎の家族もいませんし、むらには知っている人はだれもいません。太郎が竜宮城に
ろう　　　　　　　　　　　　　　　　　　　　　　　　たろう　りゅうぐうじょう
いる三日間の間に、むらでは 100 年の時間がすぎていました。太郎はかなしくなっ
たろう
て、乙姫からもらった玉手箱のふたをあけてしまいました。すると…。
おとひめ　　　　たまてばこ

　みなさん、太郎はどうなったと思いますか。このつづきは、本やインターネッ
たろう
トでぜひ読んでみて下さい。

昔話＝ *folk tale*　カメ＝ *turtle*　いじめる＝ *to bully*　たすける＝ *to save*　ふた＝ *lid*
むかしばなし
むら＝ *village*　すぎる＝ *to pass, as in time*　つづき＝ *continuation*

1. 竜宮城 is a noun that is modified by a preceding clause. Where does the modifying clause start?

   a. 昨日たすけた   b. 海の中から   c. 昨日のお礼に   d. 海の中に

2. と言いました は、だれが言いましたか。

   a. 太郎   b. カメ   c. 子供   d. 乙姫

3. What do these words refer to?

   その時   a. 太郎が家に帰る時   b. 太郎がカメに乗る時

            c. 太郎がふたをあける時   d. 太郎に玉手箱をあげた時

   そこに   a. 竜宮城   b. 海   c. 太郎の家があった所   d. 日本

4. 竜宮城で、だれがだれに何をもらいましたか。

   _____

5. 竜宮城から家にもどった時、どうして太郎の家族はいませんでしたか。

   _____

6. ○×をつけなさい (to put)。(○ = True, × = False)

   (   ) この人 (writer) は、昔話は読むのがむずかしいと思っている。

   (   ) カメは太郎にたすけてもらったので、太郎を竜宮城につれて行った。

   (   ) 竜宮城で太郎はおいしい食べ物を食べたし、きれいなおどりを見たし、太郎は
   とてもよろこんだと思う。

   (   ) 乙姫は太郎に贈り物のふたをあけてはいけませんと言いました。

7. さいごに (in the end)、太郎はどうなりましたか。インターネットや本で、「浦島太郎」のつ
   づき (continuation) をしらべて下さい。

   _____

   _____

書く練習　**Writing Practice**

A.　Look at the chart on pages 306–308 of your textbook and write each **kanji** ten times using the handwritten style.

犬										
花										
形										
服										
辞										
礼										
祝										
誕										
自										
転										
運										
動										
使										
写										
真										

絵
雑
誌
音
楽
世
石
説

B. Rewrite each sentence using **kanji** and **hiragana**.

1. びょうきのおみまいに、いしださんからきれいなはなとおんがくのざっしをもらいました。

_____。

2. こどものとき、たんじょうびのおいわいにかわいいおにんぎょうをもらいました。

_____。

3. こいぬのせわはたいへんですが、いっしょにこうえんであそべるのでたのしいです。

_____。

4. このしょうせつはむずかしいから、じしょをつかってよみました。

_____。

5. じぶんでくるまをうんてんして、みずうみまでしゃしんをとりにいきました。

_____。

6. うんどうしやすいふくをきて、こうえんでともだちとサッカーをしました。

_____。

7. ピカソのえについて、せんせいにせつめいしてもらいました。

_____。

ラボの練習　**Lab Activities**

Part 1: Speaking and Listening Comprehension Activities

I. Using verbs of giving and receiving

A. Listen to the statements, then draw an arrow in the picture from the giver to the receiver, and write what was given next to the arrow.

■ You hear:　弟は私に本をくれました。

　You write:　draw an arrow from 弟 to 私 and write 本 next to the arrow.

B. Listen to the conversations then complete each sentence below for the person designated as the topic of the sentence, using the appropriate verbs for giving and receiving.

■ You hear:　　　　　　　先生：この辞書、私はもう使わないから、スミスさん、よかったら
　　　　　　　　　　　　　　　　どうぞ。

　　　　　　　　　　　スミス：先生、いいんですか。ありがとうございます。

You see and say:　　　スミスさんは、先生に辞書をいただきました。

You hear:　　　　　　スミスさんは、先生に辞書をいただきました。

You write and repeat:　スミスさんは、<u>先生に辞書をいただきました。</u>

1. ジョンさんは、 _____。

2. 父は、 _____。

3. 後輩は、 _____。
　こうはい

4. 上田さんは、 _____。

5. 先輩は、 _____。
　せんぱい

II. Expressing the fact that something is easy or hard to do using the stem of the verb + やすい／にくい

A. Listen to the statements, then choose the appropriate word from the list, changing it by using 〜やすい or 〜にくい to fit the statement.

■ You hear: このコンピュータは古くて、おそいから

You see: a. 使う　　b. 買う　　c. なおす

You circle and say: a.(使う)

このコンピュータは古くておそいから、使いにくいです。

You hear: このコンピュータは古くておそいから、使いにくいです。

You repeat and write: このコンピュータは古くておそいから、使いにくいです。

1. a. 歩く　　　b. 食べる　　　　c. 行く

_____

2. a. 書く　　　b. 読む　　　　　c. しらべる

_____

3. a. えらぶ　　b. かんがえる　　c. いただく

_____

4. a. おわる　　b. 間違える　　　c. はたらく

_____

5. a. 知る　　　b. 分かる　　　　c. 乗せる

_____

B. 質問に「 〜やすい」か「〜にくい」を使って答えて下さい。

1. _____

2. _____

3. _____

4. _____

III. Listing actions and states, and implying a reason, using the plain form + し

A. The chart below shows five students, the universities they selected, and the factors that went into their selections. Listen to the questions and state the reasons each student choose his or her university, using ～し.

	Name of University	Location & Campus	Tuition	Strong points	Professors
Example: Yamamoto	Sakura University	Close to home & beautiful			
Ishida	Momiji University	Spacious		A lot of international students	
Smith	Yamakawa University	In Tokyo			Good Japanese language teachers
Yamashita	Nakama University		Not expensive	Good business classes	
Li	Toozai University			Famous	Splendid

■ You hear: 山本さんはどうして、さくら大学をえらびましたか。

You see and say: 大学は家に近いし、キャンパスはきれいだから、さくら大学をえらびました。

You hear: 大学は家に近いし、キャンパスはきれいだから、さくら大学をえらびました。

You repeat and write: 大学は家に近いし、キャンパスはきれいだから、さくら大学をえらびました。

1. _____

2. _____

3. _____

4. _____

B. 質問に「〜し」を使って答えて下さい。

1. _____

2. _____

3. _____

4. _____

IV. Trying something using ～てみる

A. Listen to the conversations. Use the people listed below as topics and complete each sentence using ～てみる.

■ You hear:　　　　　　　先生：すしは、食べないんですか。

スミス：おいしそうですが、すしはちょっと。

You see and say:　　　スミスさんは、すしを食べてみたくないと思っているでしょう。

You hear:　　　　　　　スミスさんは、すしを食べてみたくないと思っているでしょう。

You repeat and write:　スミスさんは、<u>すしを食べてみたくない</u>と思っているでしょう。

1. 上田さんは、_____と思っています。

2. 時田さんは、_____と思っているでしょう。

3. スミスさんは、_____と思っています。

4. アリスさんは、_____と思っているでしょう。

5. ジョンは、_____と思っているでしょう。

B　質問に「～てみたい」を使って答えて下さい。

1. _____

2. _____

3. _____

4. _____

V. Quoting speech and words, using 〜と言う

A. Listen to the conversations and answer the questions using indirect quotes.

■ You hear:　　　　　　　先生：留学のじゅんびはもうしましたか。

スミス：いいえ、まだです。

Question:　　　　先生はスミスさんに何と聞きましたか。

You say:　　　　　先生はスミスさんに留学のじゅんびはもうしたかと聞きました。

You hear:　　　　先生はスミスさんに留学のじゅんびはもうしたかと聞きました。

You repeat and write:　<u>先生はスミスさんに留学のじゅんびはもうしたかと聞きました。</u>

1. _____

2. _____

3. _____

4. _____

5. _____

B. Listen to this short news report and answer the questions about it.

1. _____

2. _____

3. _____

4. _____

Optional

C. 質問に答えて下さい。

1. _____

2. _____

3. _____

Part 2: Dict-A-Conversation

Smith and Rieko are talking about year-end gifts.

りえこ： _____

スミス： _____

りえこ： _____

スミス： _____

りえこ： _____

スミス： _____

りえこ： _____

スミス： _____

りえこ： _____

スミス： _____

Chapter 7
第七課
だい　か
Cooking

料理
りょう　り

Workbook Activities

単語の練習 Vocabulary Practice
たん

A. Connect the name of each food item with the verb describing how it is prepared.

■ Example:

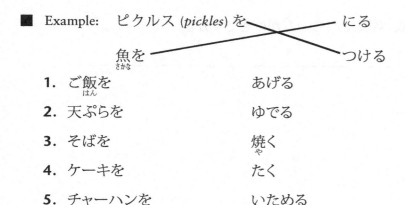

ピクルス (*pickles*) を ———————— にる

魚を ———————— つける
さかな

1. ご飯を　　　　　　　　あげる
はん

2. 天ぷらを　　　　　　　ゆでる

3. そばを　　　　　　　　焼く
や

4. ケーキを　　　　　　　たく

5. チャーハンを　　　　　いためる

B. Fill in the parentheses with the appropriate word from the list below.

> a. なべ　b. 材料　c. 味　d. すこしずつ　e. かけて　f. まぜて　g. 温めて
> 　　　　　ざいりょう　あじ　　　　　　　　　　　　　　　　　　　あたた

■ Example: コーヒーにさとうを入れて、よく（　f　）から飲みました。

1. この料理にはソースを（　　）から食べて下さい。
りょうり

2. すしの（　　）を買いに近所のスーパーに行きました。

3. 料理を作るのはきらいじゃないが、（　　）やさらを洗うのは好きじゃない。
りょうり　　　　　　　　　　　　　　　　　　　　　　　　　　　あら

4. 兄はこい（　　）が好きなので、ラーメンやカレーをよく食べる。

5. いそがしかったので、昨日残した料理を電子レンジで（　　）食べました。
りょうり　でん し

6. ドレッシングを作る時は、サラダ油は（　　）入れましょう。
あぶら

C. 質問に日本語で答えて下さい。

1. ～さんは料理をする時、どんな材料をよく使いますか。
   （りょうり）（ざいりょう）

   _____

2. ～さんの国には、どんな小麦粉を使った料理がありますか。
   （こむぎこ）（りょうり）

   _____

3. ～さんの国では、どんな調味料 (*seasoning*) をよく使うと思いますか。
   （ちょうみりょう）

   _____

4. 肉の中で、どんな肉が一番好きですか。
   （にく）（にく）

   _____

5. こい味の食べ物とうすい味の食べ物とどちらの方が好きですか。
   （あじ）（あじ）

   _____

I. Expressing the performance of two actions simultaneously using 〜ながら

A. Look at pictures and complete the sentences using 〜ながら.

■ Example:

うたをうたいながらシャワーをあびます。

1.  +  _____

2.  +  _____

3.  +  _____

4.  +  _____

B. Read the dialogues below and complete the sentences using 〜ながら.

■ Example:　A: 勉強する時、音楽を聞きますか。

　　　　　　 B: いいえ、私は音楽を<u>聞きながら</u>、勉強はしませんね。

1. ホームステイの家で

　お母さん：アリスさん、＿＿＿＿＿＿＿＿＿＿＿＿＿＿＿食べないで。

　アリス：　あっ、すみません。

　お母さん：日本では、食べる時はすわるのよ。歩いちゃだめよ。

2. A:　この映画、見た？

　B:　うん、昨日、映画館で見たけど、＿＿＿＿＿＿＿＿＿＿、見ている人がたくさん
　　　いたよ。

　A:　うん、私も見たけど、ないちゃった。

3. 学生：夏に、日本に日本語を勉強しに行きたいんですが。

　先生：じゃあ、このプログラムはどうですか。＿＿＿＿＿＿＿＿＿＿＿＿＿、日本語が
　　　　勉強できますよ。

　学生：ホームステイですか。おもしろそうですね。

4. お母さん：　じゃあ、作りましょうか。アリス、手伝って。

　アリス：　はい。

　お母さん：　おすしのご飯を作る時は、ご飯を＿＿＿＿＿＿＿＿＿＿＿、すをまぜる
　　　　　　のよ。

　アリス：　冷ますんですか。知りませんでした。

5. 先輩：田中、入院したって聞いたけど。
　せんぱい

　後輩：ええ、そうなんです。＿＿＿＿＿＿＿＿＿＿＿＿＿＿、仕事をしていたら、
　こうはい　病気になってしまったそうです。

　先輩：そうか。無理はよくないよね。
　せんぱい　　　　むり

Optional

C. 質問に日本語で答えて下さい。

1. 何をしながら勉強するのが好きですか。

_____

2. たいてい何をしながら昼御飯を食べますか。
ごはん

_____

3. 何を聞きながら運動しますか。

_____

II. Expressing the idea of *without doing* ~ using ～ないで

A. Complete the following sentences using ～ないで.

■ Example:

つかれていたので、<u>シャワーをあび</u>ないで寝ました。

1. _____コーヒーを飲むのが好きです。

2. 宿題がたくさんあったので、_____勉強しました。

3. たいていステーキに_____食べます。

4. 田中さんの家に行く時は、_____その手前を右

にまがって下さい。

5. _____出かけたら、午後から雨になりました。

B. Read the dialogues below and complete the sentences using 〜ないで.

■ Example: A: 博物館はどうでしたか。
はく

B: じつは、入れなかったんです。行く前に<u>休みの日をしらべないで行った</u>ので、昨日は休みだったんです。

1. A: 風邪ですか。
かぜ

B: ええ、寒い日に＿＿＿＿＿＿＿＿＿＿＿＿＿＿＿＿＿＿たら、風邪をひいて
しまったんです。
かぜ

A: そうですか。最近、寒いですから外に行く時は、コートがいりますよね。
さい

2. A: あれ、旅行に行ったんじゃないの。

B: うん、日帰り旅行だから＿＿＿＿＿＿＿＿＿＿＿＿＿＿＿＿＿たんだ。

A: ホテルや旅館は高いからね。

3. お母さん：せきも出るし、熱もあるし、薬を飲んだ方がいいんじゃない。

アリス：ええ、でも、薬はきらいなので、＿＿＿＿＿＿＿＿＿＿＿＿＿＿＿＿
たいんです。

お母さん：それは分かるけど。じゃあ、今日は一日、家で寝ていてね。

4. 医者：ねんざ（sprain）ですね。

患者（patient）：歩いても大丈夫でしょうか。
かんじゃ　　　　　　　　　　じょうぶ

医者：いいえ、今日は＿＿＿＿＿＿＿＿＿＿＿＿＿＿＿＿＿＿方がいい
ですね。

5. A: おいしいフライドチキンですね。どうやって作ったんですか。

B: 油は体にあまりよくないから、油を＿＿＿＿＿＿＿＿＿＿＿＿＿オーブンで
あぶら　　　　　　　　　　　　　　　　　　　　　　あぶら
焼いたんですよ。
や

Optional

C. 質問に日本語で答えて下さい。

1. 授業のじゅんびをしないで授業に行くと、どうなりますか。

＿＿＿＿＿＿＿＿＿＿＿＿＿＿＿＿＿＿＿＿＿＿＿＿＿＿＿＿＿＿＿＿＿＿＿

2. 学校に行かないで、あそびに行ってしまったことがありますか。

＿＿＿＿＿＿＿＿＿＿＿＿＿＿＿＿＿＿＿＿＿＿＿＿＿＿＿＿＿＿＿＿＿＿＿

III. Expressing an open or hypothetical condition using the ば conditional form

A. Change the words below the blanks into the 〜ば form to fit the sentence. You may need to change some verbs to the negative form.

■ Example: <u>いそがしくなければ</u>パーティに行きたいです。
いそがしい

1. 日本に_____、日本語が上手になります。
   留学する

2. A: 来週、コンサートをするので、_____来て下さい。
   ひま

   B: はい、分かりました。

3. 味が_____、もう少し水をくわえましょう。
   あじ　　　こい

4. A: この問題すごくむずかしいんだけど、答えはＡだと思う？　Ｂだと思う？

   B: 本当、むずかしいね。この問題の答えは_____分からないと思う。
   先生

5. A: この荷物を友達に送りたいんですけど。

   B: 荷物なら、宅配便で_____、すぐ着きますよ。
   たくはい　　　送る

6. これは鶏肉ですから、よく_____食べられませんよ。
   とりにく　　　　　　焼く
   　　　　　　　　　　　や

7. 外国人が銀行口座を作る時は、在留カードが_____、作れません。
   　　　　　　　　　ざ　　　　　　ざい　　　　　ある

8. A: このかばんどうですか。使いやすそうですよ。

   B: そうですね。_____、買うんですけど…。
   おもい

B. Read the dialogues below and complete the sentences using 〜ば.

■ Example: A: ご飯をたきたいんですが、ご飯はどうやってたくんですか。

B: 炊飯器を使えば、むずかしくないですよ。

1. A: この文法がよく分かりません。だれに聞いたらいいですか。

   B: ＿＿＿＿＿＿＿＿＿＿＿＿＿＿＿＿＿＿、分かると思いますよ。

2. A: このタブレットどう？　いいと思うけど。

   B: いいけど、ちょっと高いと思う。あまりお金がないから、もっと
   ＿＿＿＿＿＿＿＿＿＿＿＿＿＿＿、買えないよ。

3. アリス：日曜日に買い物に行くんだけど、一緒に行かない？

   道子：＿＿＿＿＿＿＿＿＿＿＿＿＿＿＿＿、行けるけど。

   アリス：じゃあ、土曜日はどう？

4. A: バスケットボールが上手になりたいんですが、どうしたらいいですか。

   B: 毎日、＿＿＿＿＿＿＿＿＿＿＿＿＿＿＿、上手になりますよ。

5. A: ケーキを焼いて持って来たんですが、食べませんか。

   B: ありがとうございます。うれしいんですが、たまごのアレルギーがあるので、
   ケーキに＿＿＿＿＿＿＿＿＿＿＿＿、食べられるんですが…。

   A: あっ、すみません。知らなかったので。

C. Complete the following conversations using 〜ばよかった.

■ Example:　A:　どうしたんですか。

B:　三日前のケーキを食べたら、おなかが痛くなったんです。

だから、<u>ケーキを食べなければよかったです。</u>

1. A: こんでますね。

B: そうですね。レストランに来る前に_____ね。

A: そうですね。予約しておいた方がよかったですね。

2. A: あれ、どうしたの？　元気ないね。

B: うん。テストがよくなかったんだ。もっと_____。

3. レストランで

上田：このステーキ、油が多そう。
　　　　　あぶら

リー：そうね。でも、このサラダはおいしそうよ。

上田：ステーキ_____。私もリーさんと同じサラダを

_____。

4. A:　あれ、昼御飯食べないの？
　　　　　ごはん

B:　うん、お金がないんだ。昨日、高い洋服を買っちゃったから。
　　　　　　　　　　　　　　　　　　　　　　　　　　よう

洋服_____。ああ、昼御飯食べたい。
よう　　　　　　　　　　　　　　　　　　　　　　　　ごはん

5. 会社で

同僚：雨がふってきましたよ。
りょう

田中：えっ、雨ですか。今日は、かさ持ってないんです。はやく家に

_____。

Optional

D. 質問に日本語で答えて下さい。

1. 時間があれば、どんなことをしてみたいですか。

_____

2. どこに行けば、おいしいすしが食べられますか。

_____

3. どうすれば、いい会社にしゅうしょくできると思いますか。

_____

4. 日本語を勉強していなければ、どんな外国語を勉強していたと思いますか。

_____

E. 質問に日本語で答えて下さい。

1. どんなことをすれば、はやく日本語が上手になると思いますか。

_____

2. 高校の時に、しておけばよかったと思うことがありますか。

_____

3. 子供の時に、しておけばよかった／しなければよかったと思うことがありますか。

_____

IV. Expressing possibility and capability using the dictionary form of the verb + ことが出来る

A. Complete the following sentences using 〜ことが出来る. You may need to change some sentences to the negative form.

■ Example: このクレジットカードを使って、ATMでお金を<u>引き出す</u>ことが<u>出来ます</u>。

1. 飛行機の切符は、インターネットで_____ので、旅行会社に行か
なくてもいいです。

2. このアパートではペットを_____ので、引っ越すつもりです。

3. 私が住んでいる町では温泉に_____から、日本にもどった時に、た
いてい温泉に行きます。

4. 大学を卒業して_____たら、人のやくにたつけんきゅうをしてみたい
です。

5. 自分で授業料を_____から、両親からお金をかりました。

6. けがをして手を_____時、友達が私の食事を作ってくれました。

B. Complete the following dialogues using 〜ことが出来る.

1. A: どこでこの日本語の教科書が買えますか。

   B: _____

   A: アマゾンですか。便利ですね。

2. A: 大学のりょうで料理が作れますか。

   B: _____

   A: 残念ですね。キッチン（kitchen）がないんですか。

3. ジョン： 判子が作りたいんだけど、どこで作れるか知ってる？

   けんじ： _____

   ジョン： ああ、駅の近くの文房具屋ね。

4. アリス： 週末、ホストファミリーのために料理を作るんだけど、私あまり料理が上手じゃないから。

   さなえ： _____

   アリス： 本当、手伝ってくれるの？　ありがとう。

5. A: あのう、どこに車を止められますか。

   B: _____

   A: 市役所の後ろですか。ありがとうございます。

Optional

C. 質問に日本語で答えて下さい。

1. 〜さんの大学で、どんなおもしろい授業を受けることが出来ますか。

   _____

2. 〜さんの国の運転免許証を使って、日本で車を運転することが出来ますか。

   _____

3. 100 年前は、どんなことをすることが出来ませんでしたか。

   _____

4. 50 年後には、どんなことをすることが出来ると思いますか。

   _____

V. Using question word + でも〜 affirmative form

A. Complete the following sentences using appropriate question words + でも.

■ Example: このゲームはやさしいから、<u>だれにでも</u>できます。

1. 兄は、きらいな食べ物がないので、_____食べられます。

2. 田中さんは、明るくて親切なので、_____友達になれます。

3. 私が住んでいる町には_____コンビニがあります。

4. このチョコレートはおいしいから、_____食べられます。だから、食べすぎないで下さい。

5. 分からないことがある時は、_____聞いて下さいね。

6. その日は予定がないから、パーティは_____大丈夫です。
　　　　　　　　　　　　　　　　　　　　　　　　　じょうぶ

B. Complete the following dialogues using question words + でも.

■ Example:　A: 明日のパーティに友達をつれてきてもいい?

　　　　　　B: いいよ。明日パーティする部屋はひろいから、<u>何人でも大丈夫だよ。</u>
　　　　　　　　　　　　　　　　　　　　　　　　　　　　　じょうぶ

1. A:　週末、一緒に映画を見に行きませんか。
　　　　　　しょ
　　B:　いいですね。いつ行きましょうか。

　　A:　週末はいそがしくないから_____。

　　B:　じゃあ、土曜日の午後に行きましょう。

2.　　山田：アメリカで、みそは買えるの?

　　スミス：うん、最近は大きいスーパーなら_____。
　　　　　　　さい

　　山田：へえ、知らなかった。

3.　　社員：じゃ、アルバイトをおねがいします。いつから来られますか。

　　スミス：今は夏休みですから、_____。

　　社員：そうですか。じゃあ、来週の月曜日からにしましょう。

4. アリス：何、注文する？

　　道子：みんな、おいしそう。私はきらいな食べ物はないから、

　　　　　　_____。

　　アリス：私が好きなものでいいの？

　　道子：うん、いいよ。

C. Complete the following dialogues using question word + でも, question word + も, or question word + か.

■ Example:　山田：今朝、____何か____食べましたか。

　　　　　　田中：ええ、トーストとたまごを食べました。

　　　　　　山田：私はたまごはちょっと。田中さんはきらいな食べ物がありますか。

　　　　　　田中：私は____何でも____食べますよ。

1.　さなえ：冬休みに_____旅行に行かない？

　　アリス：いいよ。どこに行く？

　　さなえ：私は_____いいけど、アリスはどこに行きたい？

　　アリス：私は日本国内はまだ_____行ったことがないから、私も
　　　　　　_____いいよ。

　　さなえ：じゃあ、京都に行かない？

2.　上司：この仕事、大変そうだね。

　　部下：一人でしているので、ちょっと。だから、_____手伝って
　　　　　もらえるとうれしいと思っているんですが。

　　上司：えっ、_____手伝っていないの？

　　部下：ええ、_____いいので、手伝ってくれる人をさがして
　　　　　いただけませんか。

　　上司：分かった。

総合練習　Integration
そうごう

リーさんは日本語のクラスではっぴょう（*presentation*）をしました。
それでは、リーさんのはっぴょうの後で、質問に答えて下さい。

　今日は、豆腐と豆腐の作り方について、みなさんに話したいと思います。
とうふ　　　　とうふ

　日本には大豆を材料に使った 食べ物 がたくさんあります。しょう油やみその材
だいず　ざい　　　　　　　　　　　　　　　　　　　　　　　　　　　　　　　　　　　ざい
料はもちろん大豆ですし、豆腐の材料も大豆です。では、日本人はいつから豆腐
だいず　　　とうふ　ざい　だいず　　　　　　　　　　　　　　　　　　　　　　　とうふ
を食べていた と思いますか 。中国から日本に豆腐が来たのは 8 世紀ごろだそうで、
だいず　　　　　　　　　　　　　　　　　　　　とうふ　　　　　　　せいき
1782 年にはもう豆腐のための料理の本があったそうです。
とうふ

　みなさんは、色々な材料がなければ、豆腐を作ることが出来ないと思っていま
ざい　　　　　　　　とうふ
せんか。じつは、作り方は少しむずかしいですが、3 つの材料があれば、だれでも
ざい
家で作ることが出来るんです。材料は、大豆 300 グラムと水 15 カップとにがり大
ざい　　だいず
さじ 1 です。まず、大豆をよく洗います。つぎに それ を夏ならば 8 時間ぐらい、冬
だいず
ならば 20 時間ぐらい水につけておきます。水につけた大豆をミキサーに入れて、
だいず
水をくわえて、大豆をすりつぶします。すりつぶしたら、なべに入れて弱火で 30
だいず　　　　　　　　　　　　　　　　　　　　　　　　　　　　　　よわび
分ぐらい煮ます。ぬのを使って煮た大豆をこして、豆乳をとります。豆乳をまたな
に　　　　　　　　に　だいず　　　とうにゅう　　　とうにゅう
べに入れて、75 度ぐらいに温めます。温まったら、火を止めて、豆乳をゆっくり
とうにゅう
まぜながら、少しずつにがりをくわえます。10 分ぐらいして、豆乳がかたまって
とうにゅう
きたら、ぬのを入れた型にうつして、何かおもい物を上にのせて水を切ります。水
かた
が切れて、かたまると豆腐になります。やわらかい豆腐を作りたければ、水を切る
とうふ　　　　　　　　　　とうふ
時間を短くして、かたい豆腐が作りたければ、水を切る時間を長くします。
とうふ

　外国ではにがりを町のスーパーで買うことは出来ないと思いますが、インター
ネットで注文することが出来ます。ですから、みなさんも、スーパーで豆腐を買わ
ちゅう　　　　　　　　　　　　　　　　　　　　　　　　　　　　　　　　とうふ
ないで、家で作ってみて下さい。

大豆＝ *soybean*　世紀＝ *century*　すりつぶす＝ *to grind*　ぬの＝ *cloth*　こす＝ *to strain*
だいず　　　　　せいき
豆乳＝ *soymilk*　にがり＝ *bitter salt*　かたまる＝ *to harden, to set*　型＝ *mold*
とうにゅう　　　　　　　　　　　　　　　　　　　　　　　　　　　　　　　　　　かた

1. 食べ物 is a noun that is modified by a preceding clause. Where does the modifying clause start?

   a. 日本には　　b. 大豆を　　c. 材料に　　d. 使った

2. と思います は、だれが思いますか。

   a. 日本人　b. 中国人　c. 読んでいる人（*reader*）　d. 書いている人（*writer*）

3. What does それ refer to?

   a. ３つの材料　　b. 大豆と水　　c. 大豆　　d. にがり

4. 大豆を使った日本の食べ物にはどんな物がありますか。

   _____

5. 日本人はいつごろから、豆腐を食べていましたか。

   _____

6. リーさんは、どうしてだれでも家で豆腐が作れると思っていますか。

   _____

7. やわらかい豆腐を作りたい人は、どうしますか。

   _____

8. ○×をつけなさい（*to put*）。（○ = True, × = False）

   （　　）水と大豆をミキサーに入れて、すりつぶす。

   （　　）すりつぶした大豆をなべに入れて煮る。

   （　　）豆乳を温めながら、にがりを入れる。

   （　　）リーさんは、外国ではスーパーで豆腐が買えないと思っている。

書く練習 **Writing Practice**

A. Look at the chart on pages 346–348 of your textbook and write each **kanji** ten times using the handwritten style

料
理
飯
野
菜
魚
鳥
肉
止
始
終
洗
悪
黒
白

青
赤
茶
短
長
焼
果
油

B. Rewrite each sentence using **kanji** and **hiragana**.

1. ひるごはんをたべるじかんがなかったので、きょうしつでくだものをたべた。

_____

2. 「あおいとり」というこどものためのほんをかってあげた。

_____

3. てんきがわるくなってきたから、テニスをやめてかえりましょう。

_____

4. あしたのパーティは、7じにはじめて 10 じごろにおわるよていです。

_____

5. やさいをよくあらってから、ぶたにくといっしょにあぶらでいためます。

_____

6. スーパーのちゅうしゃじょうにくるまをとめて、ばんごはんのざいりょうをかいました。

_____

7. くろきさんは、さかなりょうりよりにくりょうりのほうがすきだそうです。

_____

8. しろいぼうしをかぶったひとが、きっさてんでおちゃをのんでいます。

_____

9. ながくやくとかたくなるから、やくじかんはみじかいほうがいいですよ。

_____

10. あかいふくをきて、ちゃいろいかばんをもっているおんなのひとがしゃちょうです。

_____

ラボの練習　**Lab Activities**

Part 1: Speaking and Listening Comprehension Activities

I. Expressing the performance of two actions simultaneously using 〜ながら

A. Based on the information provided below, answer the questions using 〜ながら.

■ You hear:　　　　　田中さんは一時ごろ何をしていましたか。

　You say:　　　　　コーヒーを飲みながら本を読んでいました。

　You hear:　　　　　コーヒーを飲みながら本を読んでいました。

　You repeat and write:　<u>コーヒーを飲みながら本を読んでいました。</u>

	田中	アリス	健一 けん
1:00p.m.	**Example**		明日のデート
7:00p.m.		♪	明日の 天気は…
10:00p.m.			

1. _____

2. _____

3. _____

4. _____

5. _____

B. Listen to each conversation and the questions which follow. Based on the conversation you heard, answer the questions using ～ながら.

■ You hear:　　　　　　　田中：　スミスさん、先週の試験どうでした？

スミス：　あっ、田中さん、あまりよくありませんでした。

田中：　そうでしたか。残念でしたね。

スミス：　ええ、試験の勉強をする時、テレビを見ていたので…。

Question:　　　　　スミスさんの試験はどうしてよくありませんでしたか。

You say and write:　<u>スミスさんはテレビを見ながら、勉強したので、試験がよくありませんでした。</u>

1. _____

2. _____

3. _____

4. _____

II. Expressing *without doing* ~ using 〜ないで

A. Listen to the five statements and restate each of them using 〜ないで.

◼ You hear:　　　　　　田中さんは授業に来る前にじゅんびをしませんでした。

You say:　　　　　　　田中さんは授業にじゅんびをしないで来ました。

You hear:　　　　　　　田中さんは授業にじゅんびをしないで来ました。

You repeat and write:　田中さんは授業にじゅんびをしないで来ました。

1. _____

2. _____

3. _____

4. _____

5. _____

B. Listen to the four conversations. There will be a question after each. Answer the questions using 〜ないで.

◼ You hear:　　　　　　田中：　昨日の授業、どうしたの？

　　　　　　　　　　　スミス：　おなかが痛かったから、昨日は一日家で寝ていたんだ。

Question:　　　　　　　スミスさんは、昨日何をしましたか。

You say and write:　　スミスさんは授業に行かないで、家で寝ていました。

1. _____

2. _____

3. _____

4. _____

III. Expressing an open or hypothetical condition using the ば conditional form

A. Look at pictures below. First identify the verb being illustrated, then change it to the ば conditional form affirmative and then to the ば conditional form negative. Use なら for the affirmative conditional form for な -adjectives.

■ You hear : Example

You say:	飲めば	飲まなければ
You hear:	飲めば	飲まなければ
You repeat and write:	<u>飲めば</u>	<u>飲まなければ</u>

Example:

aff.	飲めば
neg.	飲まなければ

	1.	2.	3.	4.
aff.				
neg.				

	5.	6.	7.	8.
aff.				
neg.				

B. Listen to each statement and change each to the ば conditional form, then complete the sentence with an ending that mirrors the information in the corresponding image.

■ You hear: 暑いです。

    You choose and say: 暑ければ、まどをあけます。

    You hear: 暑ければ、まどをあけます。

    You repeat and write: （ a ）<u>暑ければ、まどをあけます。</u>

Example

a   b   c   d

e   f   g

1. （   ）_____

2. （   ）_____

3. （   ）_____

4. （   ）_____

5. （   ）_____

6. （   ）_____

C. Listen to the conversations and answer the questions.

■ You hear:　男の人：　昨日、自転車を買いに行ったんですよね。どうでした？　いいのが
　　　　　　　　　　　　ありましたか。

　　　　　　　女の人：　じつは買わなかったんですよ。もう少し安ければ買ったんですけど。

　　　　　　　男の人：　そうですか。残念でしたね。

Question　女の人はどうして自転車を買いませんでしたか。

You write:　自転車は安くなかったから、買いませんでした。

1. _____

2. _____

3. _____

4. _____

Optional

D. 質問に日本語で答えて下さい。

1. _____

2. _____

3. _____

IV. Expressing possibility and capability using the dictionary form of the verb + ことが出来る

A. Listen to the conversations and answer the questions using 〜ことが出来る.

■ You hear:　スーザン：カンさん、カンさんの国では日本のテレビは見られるの？

　　　　　　　カン：うん、見られるよ。アニメとかドラマも。

　　　　　　　マリア：へえ、いいな。私の国ではあまり日本のテレビは見られないのよ。
　　　　　　　　　　　アメリカは？

　　　　　　　スーザン：私の国はケーブル（*cable*）テレビで日本のテレビ見られるのよ。

　Question：　だれの国であまり日本のテレビが見られませんか。

　You say：　マリアさんの国で日本のテレビをあまり見ることが出来ません。

　You hear：　マリアさんの国で日本のテレビをあまり見ることが出来ません。

　You repeat：マリアさんの国で日本のテレビをあまり見ることが出来ません。
and put a checkmark in the column under Maria.

	マリア	カン	スーザン	先生
Example	✓			
1.				
2.				
3.				
4.				

B. あなた（*you*）が住んでいる町について質問します。質問に日本語で答えて下さい。

私の住んでいる町_____

　1. _____

　2. _____

　3. _____

　4. _____

V. Using question word + でも〜 affirmative form

A. Listen to the conversations and complete them using question word + でも〜 .

■ You hear:　　　　　A: どこで昼御飯を食べましょうか。
　　　　　　　　　　　　　　 ご
　　　　　　　　　B: 私はきらいな食べ物はないから

You say:　　　　　　どこでもいいですよ。

You hear:　　　　　どこでもいいですよ。

You repeat and write: <u>どこでもいいですよ。</u>

1. _____ できますよ。

2. _____ いいよ。

3. _____ もうしこむことが出来ます。

4. _____ いい。

5. _____ 買えるんですね。

B. Listen to the conversations and answer the questions.

■ You hear:　　　　　男の人：この肉、食べませんか。おいしいですよ。

　　　　　　　　　女の人：ありがとうございます。でも、私、肉は食べないんです。

　　　　　　　　　男の人：そうなんですか。

　　　　　　　　　女の人：野菜なら、何でも食べるんですが、肉はちょっと。
　　　　　　　　　　　　　 やさい

Question:　　　　　女の人は、どんな食べ物なら何でも食べられますか。

You say and write:　<u>野菜なら何でも食べられます。</u>
　　　　　　　　　　 やさい

1. _____

2. _____

3. _____

4. _____

Part 2: Dict-A-Conversation

涙
なみだ = *tears*   カレー粉
こ = *curry powder*

Smith is at Yoko's house. They are cooking together.

ようこ：_____。

スミス：_____。

ようこ：_____。

スミス：_____。

ようこ：_____。

スミス：_____。

ようこ：_____。

スミス：_____。

ようこ：_____。

スミス：_____。

ようこ：_____。

スミス：_____。

ようこ：_____。

Chapter 8
第八課
<ruby>だい<rt></rt></ruby> <ruby>か<rt></rt></ruby>
Rumors
うわさ

Workbook Activities

単語の練習 Vocabulary Practice
<ruby>たん<rt></rt></ruby>

A. Draw a line from each noun below to the verb it should go with.

■ Example: 足を ╳ うる
本を ふむ

1. 事故に 言う
   <ruby>じ こ<rt></rt></ruby>

2. 友達を だます

3. 悪口を 起きる
   <ruby>わるくち<rt></rt></ruby> <ruby>お<rt></rt></ruby>

4. お金を ぬすむ

5. 地震が あう
   <ruby>じ しん<rt></rt></ruby>

B. Fill in the parentheses with the appropriate word from the list below.

a. どろぼう b. 心配 c. 経験 d. 発見 e. 安全 f. こわい g. 不便

■ Example: 妹は （ f ） 映画を見て、夜一人で寝られなくなってしまった。

1. 日本に行くまで、海外旅行の （　　） が全然なかった。
   <ruby>ぜんぜん<rt></rt></ruby>

2. 日本はとても （　　） な国で、はんざいが少ない。

3. ０の考え方を （　　） したのは、インド人だ。

4. 昨日となりの家に （　　） が入って、色々な物をぬすんでいったそうだ。

5. ここは大雨がふると洪水になるので、（　　） だ。
   <ruby>おおあめ<rt></rt></ruby> <ruby>こうずい<rt></rt></ruby>

6. この大学のキャンパスは駅から遠いので （　　） だと思う。

C. 質問に日本語で答えて下さい。

1. ～さんの国では、よくどんなさいがいが起きますか。
おきますか。

_____

2. ～さんの国の学校では、いじめがありますか。

_____

3. うそをついたことがありますか。どんなうそをついたことがありますか。

_____

4. どんな動物が人をおそうことがあると思いますか。

_____

5. 先生はどんな時、学生をほめますか。

_____

I. Expressing problems and events using the passive form

A. Fill out the following table with the correct form of each verb.

Dict. Form	Type	Passive form	Polite Form	Conditional form	て form
食べる	る	食べられる	食べられます	食べられれば	食べられて
おそう					
読む					
来る					
にげる					
ふる					
する					
だます					
ほめる					

B. Look at pictures and complete the sentences using passive form.

■ Example:

子供の時、よく母に<u>しかられました。</u>

1. どろぼうにお金を_____て、困りました。
   <small>こま</small>

2. 雨に_____て、大変でした。

3. 後ろからアリスさんに名前を＿＿＿＿＿＿＿＿＿＿て、おどろきました。

4. 昼まで寝ていたら、母に＿＿＿＿＿＿＿＿＿＿。

5. 好きな人に＿＿＿＿＿＿＿＿＿＿て、かなしかったです。

6. 知らない人に道を＿＿＿＿＿＿＿＿ので、教えてあげました。

C. 質問に日本語で答えてください。

1. 子供の時、どんなことをすると両親におこられましたか。どんなことをすると両親にほめられましたか。

＿＿＿＿＿＿＿＿＿＿＿＿＿＿＿＿＿＿＿＿＿＿＿＿＿＿＿＿＿＿＿＿

＿＿＿＿＿＿＿＿＿＿＿＿＿＿＿＿＿＿＿＿＿＿＿＿＿＿＿＿＿＿＿＿

2. ～さんの国で、よく知られている日本人はだれですか。

＿＿＿＿＿＿＿＿＿＿＿＿＿＿＿＿＿＿＿＿＿＿＿＿＿＿＿＿＿＿＿＿

3. 友達からどんなことをされたら、いやだと思いますか。

＿＿＿＿＿＿＿＿＿＿＿＿＿＿＿＿＿＿＿＿＿＿＿＿＿＿＿＿＿＿＿＿

II. Expressing conjecture based on indirect evidence using 〜らしい; expressing conjecture based on direct evidence using 〜ようだ／みたいだ

A. Choose the appropriate words from the box below and complete the sentences using 〜らしい.

わかれる　　うそ　　不便　　わるい　　痛い　　ぶつける　　ある
ふべん

■ Example:　A: 田中さん、元気がありませんね。

　　　　　　　　B: 昨日、彼女とけんかしてわかれたらしいですよ。
　　　　　　　　　　かのじょ

1. A: スミスさん、日本語の勉強をやめるって聞いたけど、本当？
　　　　　　　　　　　　　　　　　　　　　とう

　　B: ああ、それ＿＿＿＿＿＿＿＿＿＿＿＿。スミスさん、日本語の授業は楽しいって言っていたし。

2. A: 北海道で地震が＿＿＿＿＿＿＿＿＿＿＿が、ゆれましたか。
　　　　　　　　じしん

　　B: そういえば、10分ぐらい前に少しゆれました。でも、小さかったですよ。

3. A: 田中さんが住んでいるアパート、駅から遠くて＿＿＿＿＿＿＿＿＿＿＿＿。

　　B: だから、駅に近いアパートに引っ越すそうですよ。
　　　　　　　　　　　　　　　　　　こ

4. A: まだ上田さん、来ていないんですか。

　　B: ああ、上田さん歯が＿＿＿＿＿＿＿＿＿＿。それで、歯医者さんに行ったそうです。

5. 　　　　　田中：　道がすごくこんでるね。

　　　　　　山田：　そうだね。何かあったのかな？

　　通行人（passerby）：　バスが車に＿＿＿＿＿＿＿＿＿＿。
　　つうこうにん

　　　　　　田中：　そうなんですか。交通事故ですか。
　　　　　　　　　　　　　　　　こうつう じ こ

6. A: 田中さん、今日はあまり話しませんね。

　　B: 試験が＿＿＿＿＿＿＿＿＿＿。

　　A: だから、元気がないんですね。

B. From the box below, choose the appropriate words and complete the sentence using 〜ようだ／みたいだ.

ふる	いそがしい	寒い	心配 しんぱい	好き	もらう	あう

■ Example: A: 今年の冬は、雪が多いでしょうか。

B: 天気予報によると、雪はあまり<u>ふらないよう</u>ですよ。

1. A: 田中さん、来週から海外旅行だそうですね。

   B: 田中さん、外国が＿＿＿＿＿＿＿＿＿＿＿＿＿。毎年、海外旅行に行っていますから。

2. A: スミスさん、今日のパーティに来ないって聞いたけど。

   B: うん、大学の勉強もあるし、アルバイトもあるから。とっても＿＿＿＿＿＿＿＿＿＿＿。

3. A: 鈴木先生、今日は休みだって？ すず

   B: うん、昨日、家に帰る時に交通事故に＿＿＿＿＿＿＿＿＿＿＿。 こうつう じ こ

   A: えっ、先生、大変だね。

4. A: 上田さん、ぜんぜん昼御飯、食べてなかったけど、病気なの？ ご

   B: ううん、病気じゃないけど、明日の試験が＿＿＿＿＿＿＿＿。

   A: そうなんだ。

5. A: 11月の東京の気温は何度ぐらいだと思う？

   B: このガイドブックには、12度ぐらいだって書いてあるから、あんまり ＿＿＿＿＿＿＿＿＿。

6. 石田：田中さん、いいネクタイしていましたね。

   山中：そうですね。あのネクタイ、誕生日に彼女から＿＿＿＿＿＿＿＿＿＿。 たん かのじょ

C. 質問に「〜らしい／ようだ／みたいだ」を使って、日本語で答えて下さい。

1. 〜さんの日本語の先生は、どんなことをするのが好きですか。

   ＿＿＿＿＿＿＿＿＿＿＿＿＿＿＿＿＿＿＿＿＿＿＿＿＿＿＿＿＿＿＿＿

2. クラスメートは夏休みに何をするつもりですか。

   ＿＿＿＿＿＿＿＿＿＿＿＿＿＿＿＿＿＿＿＿＿＿＿＿＿＿＿＿＿＿＿＿

3. 20年後の気候はどうなっていますか。 こう

   ＿＿＿＿＿＿＿＿＿＿＿＿＿＿＿＿＿＿＿＿＿＿＿＿＿＿＿＿＿＿＿

III. N のような／みたいな (like ~); N らしい N (typical)

A. Choose the appropriate word from the box below and complete each sentence using ～のような／のように.

さる　　駅　　たつまき　石けん　　くま　　　動物園　　いちご

■ Example: 生まれた時は<u>さるのように</u>赤い顔をしていた。

1. この台風はとても強いので、_____風がふくらしい。

2. 妹は_____あまくてちょっとすっぱい果物が大好きです。

3. あの人は動物が好きで_____色々な動物をかっている。

4. この動物は_____冬はしずかに寝ているらしい。

5. お中元やおせいぼには、_____どの家でも使う物をあげた方がよろこばれると思う。

6. セールをしているデパートは日本の地下鉄の_____こんでいた。

B. Choose the appropriate word from the box below and complete each sentence using ～らしい.

日本　　　アメリカ　　　学者　　　パーティ　　　子供　　　春

■ Example: 京都はとても<u>日本らしい</u>町だと思うが、東京はビルが多くて<u>日本らしくない</u>。

1 四月ですが、寒すぎて_____と思う。

2. あの先生はめがねをかけていて、いつも本を読んでいるから、とても_____と思う。

3. このレストランはステーキやハンバーガーのような_____食べ物で有名だ。

4. 昨日の友達の誕生日会は、ケーキもないし、贈り物もないし、全然_____と思う。

C. Complete the following dialogues using either ～のような, のように, or Ｎらしい.

1. A: どんな音楽が好きですか。
   B: そうですね。＿＿＿＿＿＿＿＿＿＿＿＿＿＿＿＿＿＿＿しずかな音楽が好きですね。

2. A: 弟さんは、いくつですか。
   B: 8さいです。
   A: まだ、小さいんですね。
   B: ええ、小さいんですが、弟は全然＿＿＿＿＿＿＿＿＿＿＿＿＿ないんです。
      ゲームで遊ばないで、部屋でいつも本を読んでいるんです。

3. A: 将来どんな仕事をしようと思っていますか。
   B: そうですね。私は＿＿＿＿＿＿＿＿＿＿＿外国の会社ではたらきたいです。
   A: へえ、お父さんは、外国の会社につとめているんですか。

4. A: ジョンさんの国の人はどんな食べ物をよく食べますか。
   B: そうですね。肉料理をよく食べますね。それから、＿＿＿＿＿＿＿＿あげた食べ物
      も好きですよ。
   A: 日本人もあげた食べ物が好きですよ。

IV. Expressing limited degree using だけ〜 affirmative and しか〜 negative

A. Complete each sentence or dialogue using 〜だけ.

■ Example: このお菓子は京都や大阪で買えません。<u>東京でだけ売っています</u>。
　　　　　　か　　　と　さか

1. クラスのみんなは先生の質問に答えられなかったけれど、スミスさん
　　_____。だから、スミスさんはすごいと思う。

2. 昨日はとても寒かったので、学校_____て、すぐに家に帰った。

3. 　　　　　　　医者：どうですか。少しよくなりましたか。

　　患者（patient）：はい、熱は下がって、のども痛くなくなりました。でも、まだせき
　　かんじゃ
　　　　　　　　　　_____。

　　医者：せきですか。じゃあ、この薬を飲んでみて下さい。

4. 両親には学校の問題を全然話さなかったが、兄_____。
　　　　　　　　　　　　　ぜんぜん

5. A: 日本に行ったそうです。どこに行ったんですか。

　　B: 時間がなかったので、東京_____。

　　A: 残念ですね。今度は、京都や北海道にも行ってみて下さい。
　　　　ねん　　　　　　　　　　と

B. Complete each sentence or dialogue using 〜しか.

■ Example: 東京に留学しているがお金がないので、まだ<u>横浜にしか行ったことがない</u>。
　　　　　　　　　　　　　　　　　　　　　　よこはま

1. 父と姉はベジタリアンで、_____ので、母はあまり家で肉料理を作らない。

2. キーウィ（kiwi）はとてもめずらしい（rare）鳥で、_____そうだ。

3. 勉強の方が大切なので、アルバイトは一週間に_____。

4. 山中先生：スミスさん、留学からもどってきたらしいですね。日本語上手になっていましたか。

　　石田先生：それが、_____ので、あまり日本語が
　　　　　　　　上手にならなかったらしいです。

　　山中先生：そうですか。　クラスだけでは、上手になりませんよね。

5. A: 週末、一緒にデパートに買い物に行きませんか。
　　　　　　　　　　　　　　　　しょ

　　B: 私は買い物に行くのがきらいなので、_____ん
　　ですよ。

　　A: へえー、全部インターネットで買い物をするんですか。
　　　　　　ぜん

Optional

C. 質問に「〜だけ」か「〜しか」を使って、答えて下さい。

1. 期末（*final*）試験の時は、何時間ぐらい寝られますか。
   きまつ

   _____

2. 色々な和食が作れますか。

   _____

3. どんなめんきょしょう（*license*）を持っていますか。

   _____

V. Expressing opinions indirectly using 〜んじゃない（かと思う）

A. From the box below, choose the appropriate words and complete the sentence or dialogue using 〜んじゃない（かと思う）.

安い	心配する しんぱい	ふる	安心 あんしん	むだ	ゆれる	わかれる

■ Example: 東京のアパートは<u>安くないんじゃないかと思います</u>。

1. 海外に留学したいと言ったら、両親は_____。

2. A: 来月、はじめて東京に行くんですが、東京ははんざいが多いですか。

   B: そうですね。日本は安全な国だから、_____。
   あんぜん

3. A: 暗くなってきたね。
   くら

   B: そうだね、雨が_____。

4. 兄はいつも電気をつけて寝ます。私は、それは_____。

5. A: 健一、元気がなかったけど。
   けん

   B: うん、彼女と_____。先週、けんかしたって言って
   かのじょ
   いたから。

6. A: 地震がきたら、こわいよね。
   じしん

   B: そうだね。でも、この建物は新しいから、あまり_____？
   たて

B. 質問に「〜んじゃないかと思う」を使って、答えて下さい。

1. 今度の試験は、むずかしいと思いますか。

   _____

2. 外国旅行では、どんなはんざいにあいやすいと思いますか。

   _____

3. どんなことをしたら、家族はおどろくと思いますか。

   _____

4. 将来、どんなさいがいがふえると思いますか。
   しょう

   _____

総合練習　Integration
そうごう

つぎの文章（*text*）を読んで、質問に答えて下さい。
ぶんしょう

地震と日本
しん

　　日本では洪水や竜巻など色々な災害が起きますが、その中で一番こわいと
たつまき　　　　　　　さいがい
言われている災害は、地震ではないでしょうか。日本ではよく地震が起きます。
さいがい　　　　しん
一番最近起きた大きい地震は、2011年に起きた東日本大震災と呼ばれる 地震 です。
さい　　　　　　　　　しん　　　　　　　　　　　　　　　　だいしんさい　　　　　　　しん
外国でも地震の被害やこの地震で起きた津波が大きいニュースになったので、
　　　　しん　ひがい　　　　しん　　　　つなみ
おぼえている人 も多いのではないか と思います 。
　　　　　　　　　　　　　　　　　つなみ

　　東日本大震災では、地震学者が考えていた地震より大きい地震が起きました。
だいしんさい　　　　　しん
その ために予想していた津波より大きい津波が起きてしまい、津波でたくさんの家
　　　よそう　　　　つなみ　　　　　つなみ　　　　　　　　　つなみ
がこわされて、火事も起こり建物が焼けました。たくさんの人が亡くなり、津波に
　　　　　　　　　　　　　　　　　　　　　　　　　　　　　な
おそわれた町には、がれきだけが残りました。この地方では、よく津波が起こるので、
　　　　　　　　　　　　　　　　　　　　　　　　ちほう　　　　つなみ
たくさんの人が津波のための準備をしていたらしいです。けれども、津波が大きす
　　　　　　　　つなみ　　　　じゅんび　　　　　　　　　　　　　　つなみ
ぎて、その準備が役に立たなかったようです。
　　　じゅんび　やく　た

　　実は、歴史をよくしらべてみると、869年にも東日本大震災のような大きな地
じつ　れきし　　　　　　　　　　　　　　　　　　　だいしんさい
震が起きていたようです。しかし、長い時間の間にこの大きい地震について私達は
しん　　　　　　　　　　　　　　　　　　　　　　　　　しん
忘れてしまったようです。

　　日本には「災害は忘れたころにやってくる」ということわざがありますが、こ
さいがい
れは本当だと思います。ですから、私たちは この 経験を忘れないで、つぎに津波が
　　　　　　　　　　　　　　　　　　　　　　　　　　　　　　　　　　　つなみ
起きた時に、安全に逃げられる準備をしておかなければいけないと思います。
　　　　　　　　　に　　　　　じゅんび

予想する＝ *to anticipate; to expect*　がれき＝ *debris*　地方＝ *region*　ことわざ＝ *proverb*
よそう　　　　　　　　　　　　　　　　　　　　　　　　　　ちほう

1. 地震 is a noun that is modified by a preceding clause. Where does the modifying clause start?
   しん

   a. 一番最近　　　b. 大きい　　　c. 2011年に　　　d. 東日本
   　　　　さい

2. と思います は、だれが思いますか。

   a. ニュースを見た人　　　　b. おぼえている人

   c. 読んでいる人（*reader*）　　d. 書いている人（*writer*）

3. What do these words refer to?

その a. 東日本大震災　b. 地震学者　c. 大きい地震　d. 考えていたより大きい地震

この a. 869 年の大震災　　b. 2011 年の大震災　　c. 忘れた災害　　d. 火事

4. 文の中に passive form があります。Passive form を文の中からえらんで、下に書いて下さい。

■ Example: 呼ばれる

_____

5. おぼえている人は何をおぼえているのですか。

_____

6. 東日本大震災が起きる前に、地震学者はどんな地震が起きると考えていましたか。

_____

7. 「災害は忘れたころにやってくる」というのは、どういう意味ですか。自分の言葉で説明してみましょう。

_____

_____

8. ○×をつけなさい (to put)。(○ = True, × = False)

(　) 日本で一番こわいと思われている災害は竜巻だ。

(　) 東日本大震災で起きた災害は、津波だけだった。

(　) 東日本大震災で津波があった場所は、よく津波があるらしい。

(　) 津波の準備を全然していなかったようだ。

(　) 津波の後には、がれきしか残っていなかった。

(　) 日本人は 869 年に起きた地震についておぼえていた。

書く練習　**Writing Practice**

A. Look at the chart on pages 392–394 of your textbook and write each **kanji** ten times using the handwritten style

心												
配												
困												
難												
弱												
招												
待												
呼												
遊												
泳												
建												
経												
売												
交												
落												

暗
洪
利
全
急
故
台
不

B. Rewrite each sentence using **kanji** and **hiragana**.

1. ここはひくいから、たいふうのときにこうずいが　しんぱいです。

    _____

2. ともだちがくらいみちで　こうつうじこにあったけいけんを　はなしてくれた。

    _____

3. きゅうにパーティにしょうたいされたので、きていくふくがなくてこまった。

    _____

4. どうりょうによばれて　いえにあそびにいくとき　さいふをおとしてしまってたいへんでした。

    _____

5. このしつもんは　むずかしかったので、すぐにこたえがわからなかった。

    _____

6. そのえきはきゅうこうがとまらないので、かくえきていしゃをまってのってください。

    _____

7. にほんはじしんがおおいので、つよくてあんぜんなたてものを　たてなければいけません。

    _____

8. こどものころはからだがよわくて　ぜんぜんおよげませんでした。

    _____

9. このみせはべんりなものをたくさんうっているが、みせはふべんなばしょにあるとおもう。

    _____

ラボの練習　**Lab Activities**

Part 1: Speaking and Listening Comprehension Activities

I.　Expressing problems and events using the passive form

A.　The following statements express what has happened but do not express the speaker's feelings. Use the passive form to change the statements so they express speaker's viewpoint more clearly.

■　You hear:　　　　　　昨日、雨がふりました。

You see and say:　　　昨日、雨にふられて大変でした。

You hear:　　　　　　昨日、雨にふられて大変でした。

You repeat and write:　<u>昨日、雨にふられて大変でした。</u>

1.　_____困りました。
　　　　　　　　　　　　　　　　　　　　　　　こま

2.　_____かなしかったです。

3.　_____ 大変でした。

4.　_____いやでした。

5.　_____うれしかったです。

6.　_____困りました。
　　　　　　　　　　　　　　　　　　　　　　　こま

7.　_____おどろきました。

8.　_____うれしいです。

B. Listen to the conversations. After each conversation you will hear a question. Answer the questions using the passive form.

■ You hear:　　　　　男の人：昨日私の家にどろぼうが入ったんです。

　　　　　　　　　　女の人：それは、大変でしたね。

　　　　　　　　　　男の人：ええ。

Question:　　　　　男の人はどうして大変だったんですか。

You say and write:　男の人は、昨日家にどろぼうに入られて大変でした。

1. _____

2. _____

3. _____

4. _____

C. あなた（*you*）の国について質問します。日本語で答えて下さい。

　　　私の国：_____

1. _____

2. _____

3. _____

4. _____

II. Expressing conjecture based on indirect evidence using 〜らしい; expressing conjecture based on direct evidence using 〜ようだ／みたいだ

A. Listen to the dialogues and answer the questions using 〜らしい.

■ You hear:　　　　　男の人：　今日は、あたたかくていい天気ですね。

　　　　　　　　　　女の人：　そうですね。でも、今朝の天気予報では、明日は、気温が
　　　　　　　　　　　　　　　　下がるって言っていましたよ。

Question:　　　　　明日の気温はどうですか。

You say:　　　　　明日の気温は下がるらしいです。

You hear:　　　　　明日の気温は下がるらしいです。

You repeat and write:　<u>明日の気温は下がるらしいです。</u>

1. _____

2. _____

3. _____

4. _____

5. _____

B. Listen to the questions and answer them based on the information in Chapter 6 日本の文化 (textbook
　pp. 280–281) using 〜ようだ.
　　　　　　　　　　　　　　　　　　　　　ぶんか

■ You hear:　　　　　お中元はだれに送りますか。

You said:　　　　　上司やおんしに送るようです。
　　　　　　　　　　　し

You hear:　　　　　上司やおんしに送るようです。
　　　　　　　　　　　し

You repeat and write:　<u>上司やおんしに送るようです。</u>
　　　　　　　　　　　　　し

1. _____

2. _____

3. _____

4. _____

5. _____

C. Listen to the conversations and complete the sentences using 〜みたい.

■ You hear:　　　　　男の人：ゴホン、ゴホン。

女の人：大丈夫ですか。
じょうぶ

男の人：ええ、風邪かな。
かぜ

You say:　　　　　男の人は風邪をひいたみたいです。
かぜ

You hear:　　　　　男の人は風邪をひいたみたいです。
かぜ

You repeat and write:　男の人は<u>風邪をひいたみたいです。</u>
かぜ

1. 明日の試験は_____。

2. 女の人のアパートは_____。

3. リーさんは_____。

4. 木村さんが泊まったホテルは_____。
　　むら

5. アリスが乗る飛行機は空港を_____。
　　　　　　　　　　　　　　　　き

D. 「〜らしい」「〜ようだ」を使って、答えて下さい。

1. _____

2. _____

3. _____

III. N のような／みたいな (*like ~*); N らしい N (*typical*)

A. Listen to the dialogues and complete the sentences using ～のような／みたいな or ～のように／みたいに.

■　You hear:　　　　　　　　男の人：大学を卒業したら、どんな町に住みたいですか。

　　　　　　　　　　　　　　女の人：そうですね。私はとても大きい町が好きだから、

　　You see:　　　　　　　　シカゴ　　　ポートランド　　　ボストン

　　You choose and say:　　シカゴのような町に住みたいです。

　　You hear:　　　　　　　　シカゴのような町に住みたいです。

　　You repeat and write:　<u>シカゴのような町</u>に住みたいです。

1. フライドチキン　　　カレー　　　サンドイッチ

　　_____が食べたいですね。

2. 子供　　　男の人　　　日本人

　　_____を話したいんです。

3. 洪水　　　地震　　　火事
　　こうずい　　じ しん

　　_____は起らないと思うよ。

4. 石けん　　　けしょうひん　　　食器
　　　　　　　　　　　　　　　　　　き

　　_____がよろこばれると思いますよ。

5. ライオン　　　くま　　　鳥
　　　　　　　　　　　　　　とり

　　_____が好きなんだ。

B. Listen to the dialogues and complete the sentences using 〜らしい.

■ You hear:　　　　　　　道子：パーティにどんな食べ物を持って行ったらいいかな？

　　　　　　　　　　　　アリス：そうね、外国人がたくさん来るから、すしみたいな

You see:　　　　　　アメリカ　　日本　　学生

　　　　　　　　　　_____食べ物がいいと思うけど。

You choose and say:　日本らしい食べ物がいいと思うけど。

You hear:　　　　　　日本らしい食べ物がいいと思うけど。

You repeat and write: 日本らしい食べ物がいいと思うけど。

1. 春　　　夏　　　冬

_____天気ですね。

2. 大学　　　学生　　　一日

_____生活ですね。
　　　　　　　　　　　　　　　　かつ

3. 女　　　男　　　先生

_____服が好きだよね。

4. 女　　　男　　　子供

_____人なんだね。

IV. Expressing limited degree using だけ〜 affirmative and しか〜 negative

A. Listen to the dialogues and complete the sentences using 〜だけ.

■ You hear: 　　　　上田：　田中さんは昨日の晩、ゲームをしましたか。

　　　　　　　　　　　田中：　いいえ、昨日は、ゲームをしたりテレビを見たりしないで、
　　　　　　　　　　　　　　　　宿題をしてすぐ寝ました。

You say: 　　　　田中さんは昨日の晩、宿題だけしたそうです。

You hear: 　　　　田中さんは昨日の晩、宿題だけしたそうです。

You repeat and write: 　田中さんは昨日の晩、<u>宿題だけした</u>そうです。

1. リーさんはしずかな所で勉強するのが好きなので、_____そうです。

2. 山川さんはバレンタインデーのチョコレートを_____つ
もりです。

3. このおいしいお菓子は、_____ようです。

4. 上田さんは京都に_____。その時、京都のホテルに
_____。

B. Listen to the dialogues and complete the sentences using 〜しか.

■ You hear: 　　　　　リー：　アリスさん、おはよう。

　　　　　　　　　　　アリス：　あっ、リーさんおはよう。

　　　　　　　　　　　　リー：　あれ、みんなは？

　　　　　　　　　　　アリス：　　まだ来てないのよ。あと５分でクラスが始まるけど。

You say: 　　　　日本語のクラスにはアリスさんとリーさんしか来ていないようです。

You hear: 　　　　日本語のクラスにはアリスさんとリーさんしか来ていないようです。

You repeat and write: 　日本語のクラスには<u>アリスさんとリーさんしか来ていない</u>ようです。

1. リーさんがコンサートに行ける日は_____ようです。

2. 写真のうさぎは_____そうです。

3. 男の人は朝、_____ようです。

4. このりょうは、_____そうです。

V. Expressing opinions indirectly using 〜んじゃない（かと思う）

A. Listen to the dialogues and complete the sentences using 〜んじゃない（かと思う）.

■ You hear: ジョン： リーさん、日本にもくまがいるかどうか知ってる？

リー： よく分からないけど、日本にはたくさん山があるから、いると思うけど。

You say: リーさんは日本にくまがいるんじゃないかと思っています。

You hear: リーさんは日本にくまがいるんじゃないかと思っています。

You repeat and write: リーさんは日本に<u>くまがいるんじゃないかと思っています</u>。

1. レストランは_____。

2. 男の人はハイキングに_____。

3. 女の人は_____。

4. アリスは友子の６年間の_____。
   とも こ

B. 質問に「〜んじゃないかと思う」を使って答えて下さい。

1. _____。

2. _____。

3. _____。

Part 2: Dict-A-Conversation

Smith and Tadashi are at the school cafeteria.

つかまる = *to be arrested*

ただし：_____

スミス：_____

ただし：_____

スミス：_____

ただし：_____

スミス：_____

ただし：_____

スミス：_____

ただし：_____

スミス：_____

ただし：_____

スミス：_____

ただし：_____

スミス：_____

ただし：_____

Chapter 9
第九課
だい か
Culture and Customs
文化と習慣
ぶん か   しゅう かん

Workbook Activities

単語の練習 Vocabulary Practice
たん

A. Draw a line from each noun below to the verb it should go with.

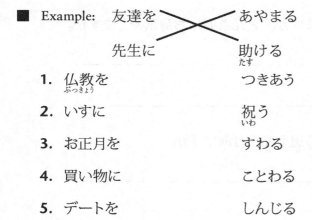

■ Example: 友達を   あやまる

          先生に   助ける
                             たす

1. 仏教を   つきあう
    ぶっきょう

2. いすに   祝う
                        いわ

3. お正月を   すわる

4. 買い物に   ことわる

5. デートを   しんじる

B. Fill in the parentheses with the appropriate word from the list below.

a. ていねいな	b. あやまった	c. 助けた たす	d. 伝統的な でんとうてき
e. 習慣 しゅうかん	f. ぜったいに	g. 興味 きょうみ	

■ Example: 先生や上司には （ a ） 話し方をした方がいいです。
                      し

1. 日本では食事の前に「いただきます」と言う（　　）がある。

2. 駅で困っている人を（　　）ら、母にほめられた。

3. 弟のゲームをこわしてしまったので、弟に（　　）。

4. 日本のわかい人はあまり政治に（　　）がないようだ。
                        せい じ

5. 京都には（　　）まつりがたくさんあるそうだ。
   と

6. このまんがは（　　）おもしろいので、読んでみて下さい。

C. 質問に日本語で答えて下さい。

1. どんな時、こころぼそいと思いますか。
_____
_____

2. 世界でよくしんじられている宗教には何がありますか。〜さんの国ではどうですか。
   せ かい　　　　　　　　　　　　　しゅうきょう
_____
_____

3. 〜さんの国では、お辞儀をする習慣がありますか。どんな時にお辞儀をしますか。
   　　　　　　　　　　　じ ぎ　　　　しゅうかん　　　　　　　　　　　　じ ぎ
_____
_____

4. 〜さんは、教育を大切だと思いますか。そう思う理由は何ですか。
   　　　　きょういく　　　　　　　　　　　　　　　り ゆう
_____
_____

5. 私達の社会には、今どんな問題がありますか。
   　　　しゃかい
_____
_____

I. Expressing the performance of a favor using てあげる／くれる／もらう

A. Choose the most appropriate verb forms for the sentences below.

1. 私はお金を持っていなかったので、友達にお金を（かし　かしてあげ　かしてもらい）ました。

2. 晩御飯の後で、妹が作ったクッキーを（食べ　食べてくれ　食べてあげ）ました。

3. 子供のころ、寝る時に母は私によく本を（読み　読んでくれ　読んでもらい）ました。

4. 授業が始まる時に、学生は先生に宿題を（出し　出してあげ　出してくれ）ます。

B. Look at the picture below and complete the sentences using 〜てあげる／くれる／もらう. Choose the correct degree of politeness appropriate to the situation.

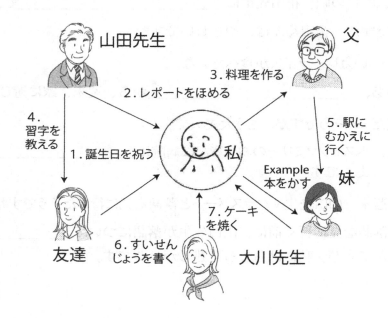

■ Example: 私は<u>妹に本を</u>かしてあげました。

1. 私は_____。

2. 山田先生は_____。

3. 私は_____。

4. 友達は_____。

5. 父は_____。

6. 私は_____。

7. 妹は_____。

C. Complete the sentences using 〜てあげる／くれる／もらう. Choose the correct degree of politeness appropriate to the situation.

■ Example: 黒田：いいかばんですね。どうしたんですか。

　　　　　木村：ありがとうございます。誕生日に<u>父に買ってもらいました</u>。

1. ジョン：明日、彼女の誕生日のプレゼントを買いに行くんだけど、一緒に
　　　　　_____？

　道子：明日はひまだから、いいよ。

　ジョン：ありがとう。

2. 上司：中西さん、明日までのレポート終わりましたか。

　部下：はい、昨日の晩、花田先輩に_____て、終わりました。

　上司：そうですか。花田くんは、やさしいですね。

3. ジョン：おいしいカレーライスが食べたいな。

　道子：じゃあ、_____から、週末、家に遊びに来ない？

4. 先生： 病気だったそうですが、もう大丈夫ですか。

　学生： はい、ホストファミリーのお母さんに病院に_____ので、
　　　　　もう大丈夫です。

5. 町田先生： 週末、山口先生やクラスメートと落語を見に行ったそうですね。どうでしたか。

　リー： 落語を見に行く前に、山口先生が落語について_____
　　　　んですが、私にはちょっと難しかったです。

Optional

D. 質問に日本語で答えて下さい。

1. 子供の時、ご両親はどんなことをしてくれましたか。

　_____

2. かれ／彼女にどんなことをしてあげたいと思いますか。

　_____

3. 困っている時に、親切にしてもらったことがありますか。どんなことをしてもらいましたか。

　_____

II. Making or letting someone do something using the causative form

A. Complete the following table by changing each verb to its causative form.

	Long form	Short form		Long form	Short form
食べる	食べさせる	食べさす	買う		
すわる			飲む		
すてる			えらぶ		
よろこぶ			見る		
作る			いそぐ		
待つ			手伝う		
する			来る	*	*

* Write these forms in hiragana.

B. Look at the key words and drawings below. Write sentences that use the causative form to explain the pictures.

	Causer → Causee	
Example	母 → 私	子供の時、<u>母は私にテレビを見させませんでした。</u>
1.	母 → 弟	熱があったので、_____ _____。
2.	まもる → 私	料理をした時、たまねぎを_____ _____。
3.	医者 → 父	交通事故で足をけがをした時、_____ _____。
4.	先輩 → 後輩 （せんぱい）（こうはい）	旅行に行った時、_____ _____。
5.	私 → 弟	弟はすぐに物をこわすので、_____ _____。

C. 質問に日本語で答えて下さい。

1. 小学生の時、ご両親は〜さんにどんなことをさせましたか。

_____

2. 日本の両親は子供にどんなことをさせると思いますか。

_____

3. 〜さんに子供がいたら、どんなことをさせたくありませんか。

_____

III. Requesting permission to do something using the causative て-form and expressions of requests

A. Read about the situations below and make a sentence that best fits each situation using 〜させていただく／〜させてくれる／〜させてほしい.

■ Example:　授業中にトイレに行きたくなった。

　　　　　　学生：先生、<u>トイレに行かせていただけませんか。</u>

　　　　　　先生：ええ、どうぞ。

1.　ホームステイの家で料理をしたい。

　　スミス：お母さん、料理をしたいので_____

　　お母さん：ええ、いいわよ。

2.　友達がアメリカに帰るので、見送(みおく)りをしたい。

　　上田：あのう、すみません。来週の金曜日のアルバイトですが、友達の見送(みおく)りに空港
　　　　　に行きたいので、_____

　　上司(し)：そうですか。じゃあ、休んでもいいです。

3.　携帯(けいたい)電話を家に忘れてきた。

　　リー：アリス、けいたい、家に忘れちゃった。アリスの_____

　　アリス：うん、いいよ。

4.　歯医者に行きたいので、木曜日の試験を明日受けたい。

　　スミス：先生、木曜日に歯医者に行きたいので、_____

　　先生：そうですか。じゃあ、明日の授業の後、私の部屋に来て下さい。

5.　世界(せかい)の教育(きょういく)について調(しら)べている。

　　ジョン：　今、授業で世界(せかい)の教育(きょういく)について調(しら)べているんだけど、リーさんの経験につ
　　　　　　いて_____

　　リー：　ぼくの経験について聞きたいの？　いいよ。

B. 質問に答えて下さい。

1. 子供の時、ご両親にどんなことをさせてもらいたかったですか。

   _____

2. 子供の時、ご両親はどんなことをさせてくれませんでしたか。

   _____

3. ホームステイをしたら、ホームステイの家族にどんなことをさせてほしいと思いますか。

   _____

IV. Expressing the immediate future using 〜る + ところ; the current situation using 〜ている + ところ; and the immediate past using 〜た + ところ

A. Look at each picture and complete the sentence using 〜ところ.

■ Example:  健一さんは、<u>シャワーをあびているところ</u>です。
けん

1.  スミスさんは、バスていで_____。

2.  健一さんは、今_____。
けん

3.  スミスさんは、今_____。

4.  スミスさんは、今_____。

5.  田中さんは、_____。

B. Complete the conversations using 〜ところ.

■ Example:　　健一：もしもし、ジョン？

　　　　　　　ジョン：あっ、健一、ごめん、<u>今、レストランで食事しているところ</u>だから、後で電話するよ。

　　　　　　　健一：うん、分かった。

1. 先生：スミスさん、どこに行くんですか。

　　学生：勉強しに＿＿＿＿＿＿＿＿＿＿＿＿＿＿＿＿＿＿＿＿＿。

　　先生：図書館ですか。じゃあ、がんばって勉強して下さい。

2. アリス：リーさん、リーさん。

　　　リー：あっ、アリスさん。日本語の授業、終わったの？

　　アリス：うん、今＿＿＿＿＿＿＿＿＿＿＿＿＿＿＿＿よ。リーさん、一緒に昼御飯、食べに行かない？

3. 　山田：スミスさん、今朝、駅で男の人に＿＿＿＿＿＿＿＿＿見たけど、あの人だれ？

　　スミス：ああ、あの人、経済の先生。駅で会ったから、あいさつしてたんだ。

4. 上田：今日の試験、どうだった？

　　山下：昨日、＿＿＿＿＿＿＿＿＿＿＿＿＿＿＿＿＿友達が遊びに来て全然帰ってくれなかったから、勉強できなかったんだ。だから、今日の試験あまりできなかった。

5. 大輔：ねえ、コーヒーを買ってきてくれない？

　　春子：今、＿＿＿＿＿＿＿＿＿＿＿＿から、自分で行ってよ。

　　大輔：漫画は後で読めばいいじゃないか。

Name _____ Class _____ Date _____

V. Expressing time durations using 間 and 間に; tense in subordinate clauses

A. Select either 間 or 間に for each sentence.

1. 日本に留学している（間　間に）、アジアの国にも旅行しようと思っています。

2. この大学では1年生と2年生の（間　間に）は、大学のりょうに住まなければいけません。

3. 電車に乗っている（間　間に）は、たいてい本を読んでいます。

4. 図書館で勉強している（間　間に）外は暗くなってしまった。

B. Complete the conversations using 〜間 or 間に.

■ Example:　A: さっき、地震があったけど、大丈夫だった？

　　　　　　B: うん、こわかったから、<u>地震でゆれている間</u>、ずっとつくえの下に入っていた。

1. 山下先生：もうすぐ夏休みですね。もう予定をきめましたか。

　　学生：ええ、お金がないので、_____は、アルバイトをする
　　　　　つもりです。

2. アリス：　どうしたの？

　　リー：　さいふがないんだ。たぶん_____とられたんだと思う。
　　　　　　電車、すごくこんでいたから。

　　アリス：　本当？　よくさがしてみた？

3. 　山田：　おそくなって、ごめん。すごく待ったでしょう。

　　スミス：　ああ、心配しないで。山田さんを_____宿題をしていたから。

4. アリス：　この文法、分からないんだけど、リーさん分かる？

　　リー：　これ、ぼくも分からないよ。まだ先生が_____、
　　　　　　先生に聞いた方がいいよ。

　　アリス：　そうね。じゃあ、聞いてくる。

5. 森下：今は晴れていますが、4時ごろから風が強くなって、雨もふってくるらしいですよ。

　　早川：じゃあ、_____、早く家に帰った方がいいですね。

Optional

C. 質問に日本語で答えて下さい。

1. 〜さんの国では、バスや地下鉄に乗っている間、何をしている人が多いですか。

_____

2. 日本語を勉強している間に、どんなことをしてみたいと思いますか。

_____

総合練習　Integration
そうごう

あなたのクラスに日本人のゲストスピーカー (guest speaker) が来ました。そして、「子供とお祝いの行事」というスピーチをしてくれました。スピーチを聞いて質問に答えて下さい。

子供とお祝いの行事

　世界には色々な伝統的な文化や習慣があると思います。日本には茶道や生け花などの伝統的な文化がありますし、お辞儀をしたり正座をしたりする習慣があります。今日は日本の伝統的な習慣の中から、子供についての習慣を話したいと思います。

　むかしは、子供が生まれても、色々な理由で大きくなる前になくなってしまうことがよくありました。だから、子供が無事に大きく育つために祝う習慣がたくさんあります。

　一番目のお祝いは、お七夜です。子供が生まれてから七日目にする行事で、この時両親や家族が子供に名前をつけ（　1.　）。子供の名前を書いた紙をかべの上の方にはって、家族でお祝いの料理を食べます。

　次のお祝いはお宮参りです。たいてい男の子なら三十一日目、女の子なら三十三日目にお宮参りをします。日本にも仏教やキリス教などの色々な宗教がありますが、たいていお宮参りでは住んでいる家の近くにある神道の神社に、両親と子供、その家族と一緒に行きます。そして、子供が生まれたことについてのお礼と、「これからもよろしくお願いします。」と神さまにお祈りをします。

　生まれてからだいたい百日目ぐらいにする行事がお食い初めです。これは母乳ではなくて、はじめて食べ物を食べさせてあげる行事で、しぬまで食べ物で困らないで生活できることをお願いします。けれども、まだ子供は本当に食べ物を食べることはできないので、食べるまねだけをします。

　そして、七五三があります。女の子は三歳と七歳の時、男の子は五歳の時、十一月十五日に神社に行って、（　2.　）元気に大きくなりましたと神さまにお礼を言って、「これからも元気に大きくして下さい。」と神さまにたのみます。

他にも色々な習慣がありますが、みなさんの国では、どんな子供の習慣があり
ますか。

育つ＝ *to grow*　かべ＝ *wall*　はる＝ *to put*　神さま＝ *god*　母乳＝ *breast milk*　まね＝ *pretense*

1. What does この refer to here?

    a. むかしの社会　b. 子供が生まれた　c. 大きくなる前　d. お七夜

2. 神社 is a noun that is modified by a preceding clause. Where does the modifying clause start?

    a. たいてい　　b. 住んでいる　　c. 家の　　d. 神道

3. 食べさせてあげる は、だれがだれに食べさせますか。

    （a.　　　　　）が（b.　　　　　）に食べ物を食べさせます。

4. （1.）と（2.）には、次のどれが一番いいですか。

    （1.）a. ていただきます　b. てあげます　c. てくれます　d. てもらいます

    （2.）a. おねがいを聞きます　b. 何のおかまいもしませんで
    　　　 c. お世話になりました　d. おかげさまで

5. 「お食い初め」の行事ではどんなお願いをしますか。

    _____

6. 「七五三」では、家族は神さまにどんなことをお祈りしますか。

    _____

7. ○×をつけなさい (*to put*)。（○ = *True*, × = *False*）

    （　　　）むかしの日本では、子供が大きくなることはむずかしかったようだ。

    （　　　）「お七夜」は、子供が生まれてから、七時間後にする行事だ。

    （　　　）「お宮参り」は、男の子も女の子も生まれてから 31 日目にする。

    （　　　）日本の子供の習慣は「お七夜」「お宮参り」と「七五三」の三つだけだ。

8. あなたの国の子供の習慣を二つえらんで、それについて説明しましょう。
　　　　　　かん

_____

_____

_____

_____

_____

_____

_____

書く練習 **Writing Practice**

A. Look at the chart on pages 441–443 of your textbook and write each **kanji** ten times using the
    handwritten style

笑									
泣									
助									
考									
払									
化									
調									
集									
的									
失									
当									
期									
和									
重									
界									

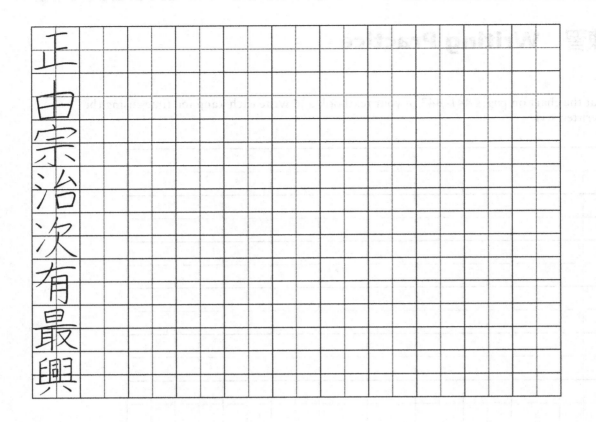

正
由
宗
治
次
有
最
興

B. Rewrite each sentence using **kanji** and **hiragana**.

1. おもいにもつをもっているおばあさんがいたので、たすけてあげた。

   _____

2. にほんでは、おしょうがつに　かぞくがあつまるしゅうかんがある。

   _____

3. さいきん、わしょくは　からだにいいというかんがえかたをするひとがふえてきた。

   _____

4. せかいてきな　せいじのもんだいについてしらべるつもりだ。

   _____

5. だいがくのじゅぎょうりょうが　はらえないりゆうはなんですか。

   _____

6. にほんのぶんかに　きょうみがあるので、　つぎのがっきは　にほんぶんかのじゅぎょうを
とろうとおもっている。

_____

_____

7. かのじょはともだちに　しつれいなことをいわれて　ないてしまった。

_____

8. せかいのゆうめいな　しゅうきょうについてレポートをかいている。

_____

9. かずこさんは、ほんとうにあかるくてよくわらうひとです。

_____

ラボの練習　Lab Activities

Part 1: Speaking and Listening Comprehension Activities

I. Expressing the performance of a favor using てあげる／くれる／もらう

A. Listen to the statements and repeat them. Then indicate what happened by drawing arrows between the characters and writing descriptions of the events on the appropriate underlines.

■ You hear:　　私は弟に自転車をかしてあげました。

　　You repeat:　私は弟に自転車をかしてあげました。

and draw an arrow pointed toward 弟, then write 自転車をかす on the underline.

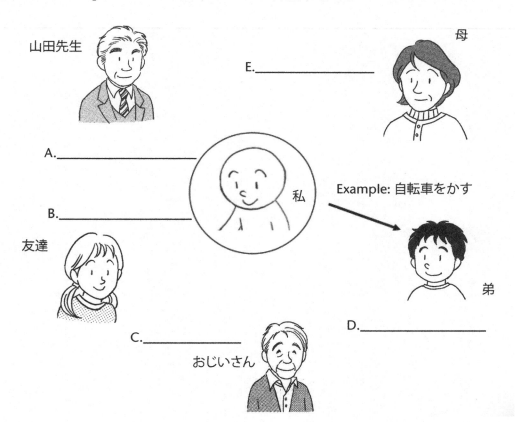

山田先生

母

E. _____

A. _____

私

Example: 自転車をかす

B. _____

友達

弟

C. _____

D. _____

おじいさん

B. Listen to the conversations and answer the questions.

■ You hear: アリス： 道子、生け花_{いばな}って、おもしろそうね。

道子： うん、おもしろいよ。私、少ししたことがあるから、アリスに教え
てあげようか。

アリス： うん、おねがい。

Question: アリスは道子に何をしてもらいますか。

You say: アリスは道子に生け花_{いばな}を教えてもらいます。

You repeat and write: <u>アリスは道子に生け花_{いばな}を教えてもらいます。</u>

1. _____

2. _____

3. _____

4. _____

II. Making or letting someone do something using the causative form

A. Look at the pictures and key words below and compose a sentence using the causative form.

■ You see and say: 　　　お母さんは子供に熱をはからせます。

　You hear: 　　　　　お母さんは子供に熱をはからせます。

　You repeat and write: お母さんは子供に熱をはからせます。

お母さん　→　子供

　　　　　　　　　　お母さんは子供に熱をはからせます。

1. 茶道の先生　→　私
　　さどう

_____

2. 彼女　→　かれ

_____

3. お母さん　→　子供

_____

4. 私 → 友達

_____

5. 父 → 私

_____

6. 母 → 妹

_____

B. Listen to the conversations and use the causative form to create a sentence summarizing the remarks.

■ You hear:　　　　　先生：ホワイトさん、日本語のクラスで英語を話さないで下さい。

ホワイト：先生、すみません。

You say and write: 先生は日本語のクラスでホワイトさんに英語を話させません。

1. _____

2. _____

3. _____

4. _____

5. _____

Optional

C. 質問に日本語で答えて下さい。

1. _____

2. _____

3. _____

III. Requesting permission to do something using the causative て-form and expressions of requests

A. Listen to the dialogues and complete the sentences using ～させていただく／～させてくれる／～させてほしい.

■ You hear: 　　　　　　道子：アリス、この本とてもおもしろいんだけど、読んだことある？

　　　　　　　　　　　　アリス：ううん、まだない。じゃあ、その本読んだら、私に

You say: 　　　　　　読ませてくれない？

You hear: 　　　　　　読ませてくれない？

You repeat and write: <u>読ませてくれない？</u>

1. _____

2. _____

3 . _____

4. _____

5. _____

B. Listen to the situations and questions. Then make an appropriate request using ～させていただく／～させてくれる／～させてほしい.

■ You hear: 　　　　　　今、教室にいます。学生はトイレに行きたいです。

Question: 　　　　　　学生は先生に何と言いますか。

You say and write: 　<u>先生、トイレに行かせていただけませんか。</u>

1. _____

2. _____

3 . _____

4. _____

Optional

C. 日本語で質問に答えて下さい。

1. _____。

2 _____。

3. _____。

IV. Expressing the immediate future using 〜る + ところ ; the current situation using 〜ている + ところ ; and the immediate past using 〜た + ところ

A. Listen to the statements and choose the picture that best fits the situation being described.

■ You hear:　　　　　　ご飯を食べているところです。

You repeat and choose: ご飯を食べているところです。（ A ）

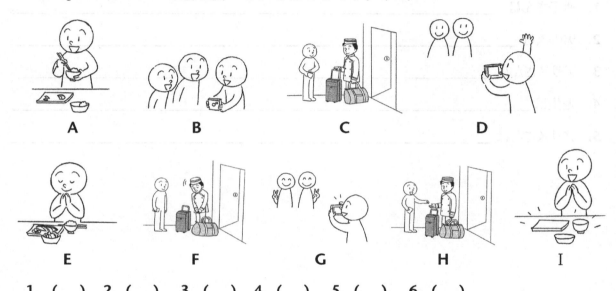

1. (　) 2. (　) 3. (　) 4. (　) 5. (　) 6. (　)

B. Listen to the following conversations and use 〜ところ to describe the situation each portrays.

■ You hear: 　　　　　　道子：もう、宿題、終わった？

　　　　　　　　　　　たけし：うん、今、終わった。

You see and say: 　　たけしさんは、宿題が終わったところです。

You hear: 　　　　　　たけしさんは、宿題が終わったところです。

You repeat and write: <u>宿題が終わったところです</u>。

1. 道子さんは _____。

2. 男の人は _____。

3. アリスさんは _____。

4. 先生は _____。

5. アリスさんは _____。

V. Expressing time durations using 間 and 間に; tense in subordinate clauses

A. Listen to the conversations and complete the sentences using 〜間 or 間に.

■ You hear:　　　　　　　　ゆかり：アメリカ留学どうだった？

　　　　　　　　　　　　　ひろし：楽しかったよ。

　　　　　　　　　　　　　ゆかり：どこかに旅行に行った？

　　　　　　　　　　　　　ひろし：うん、アメリカから近いから、カナダとメキシコに行ったよ。

You see and say:　　　　　男の人は、<u>アメリカに留学している間に、</u>カナダとメキシコに行きました。

You hear:　　　　　　　　男の人は、アメリカに留学している間に、カナダとメキシコに行きました。

You repeat and write:　　男の人は<u>アメリカに留学している間に、</u>カナダとメキシコに行きました。

1. リーさんは、_____さいふをとられました。

2. 女の人は、_____学校を休みます。

3. 飛行機の切符は、_____買った方がいいです。
　　　　き　　　ぷ

4. 地震で_____つくえの下にいた方がいいです。
　　しん

5. たけしが_____雪がふりました。

B. 質問に日本語で答えて下さい。

　　1. _____

　　2. _____

　　3. _____

Part 2: Dict-A-Conversation

Smith and Koyama are talking.

小山：＿＿＿＿＿＿＿＿＿＿＿＿＿＿＿＿＿＿＿＿＿＿＿＿＿

スミス：＿＿＿＿＿＿＿＿＿＿＿＿＿＿＿＿＿＿＿＿＿＿＿＿＿

小山：＿＿＿＿＿＿＿＿＿＿＿＿＿＿＿＿＿＿＿＿＿＿＿＿＿

スミス：＿＿＿＿＿＿＿＿＿＿＿＿＿＿＿＿＿＿＿＿＿＿＿＿＿

小山：＿＿＿＿＿＿＿＿＿＿＿＿＿＿＿＿＿＿＿＿＿＿＿＿＿

At the movie theater:

スミス：＿＿＿＿＿＿＿＿＿＿＿＿＿＿＿＿＿＿＿＿＿＿＿＿＿

小山：＿＿＿＿＿＿＿＿＿＿＿＿＿＿＿＿＿＿＿＿＿＿＿＿＿

スミス：＿＿＿＿＿＿＿＿＿＿＿＿＿＿＿＿＿＿＿＿＿＿＿＿＿

小山：＿＿＿＿＿＿＿＿＿＿＿＿＿＿＿＿＿＿＿＿＿＿＿＿＿

スミス：＿＿＿＿＿＿＿＿＿＿＿＿＿＿＿＿＿＿＿＿＿＿＿＿＿

小山：＿＿＿＿＿＿＿＿＿＿＿＿＿＿＿＿＿＿＿＿＿＿＿＿＿

スミス：＿＿＿＿＿＿＿＿＿＿＿＿＿＿＿＿＿＿＿＿＿＿＿＿＿

小山：＿＿＿＿＿＿＿＿＿＿＿＿＿＿＿＿＿＿＿＿＿＿＿＿＿

スミス：＿＿＿＿＿＿＿＿＿＿＿＿＿＿＿＿＿＿＿＿＿＿＿＿＿

小山：＿＿＿＿＿＿＿＿＿＿＿＿＿＿＿＿＿＿＿＿＿＿＿＿＿

Chapter 10
第十課
だい　か
Complaints and Apologies
文句と謝罪
もん　く　しゃ　ざい

Workbook Activities

単語の練習　Vocabulary Practice
たん

A. Draw a line from each noun below to the verb it should go with.

■ Example: A   B

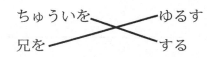

ちゅういを ⟶ ゆるす
兄を ⟶ する

1. かぎを　　　　　　　　　　かける
2. 部屋を　　　　　　　　　　ひく
3. 日記を　　　　　　　　　　からかう
   にっき
4. 弟を　　　　　　　　　　　つける
5. ピアノを　　　　　　　　　かたづける

B. Fill in the parentheses with the appropriate word from the list below.

> a. めいわく　b. さわがない　c. おくれない　d. 相談　e. 正直　f. うるさい　g. ひくい
> 　　　　　　　　　　　　　　　　　　　　　　そうだん　　しょうじき

■ Example:　電車の中で携帯電話で大きい声で話していたら（ a ）だとおこられた。
　　　　　　　　　　　　けいたい　　　　　こえ

1. 困った時はいつも友達に（　　　）して、助けてもらっています。

2. 父の方が私よりせが（　　　）ですが、バスケットボールは父の方が上手です。

3. 妹がいつも（　　　）ので、家では全然勉強出来ない。
   　　　　　　　　　　　　　　　　　　ぜんぜん

4. 図書館は静かに本を読む所ですから（　　　）で下さい。
   　　　　　しず

5. 朝の授業に（　　）ために、いつもルームメートに起こしてもらっています。

6. 私が好きな人は（　　）で、親切な人です。

C. 質問に日本語で答えて下さい。

1. 一番なかがいい友達とは、どこで知り合いになりましたか。
   _____
   _____

2. 〜さんが住んでいる町では、よく落書きを見ますか。どんな所に落書きがありますか。
   _____
   _____
   _____

3. 〜さんは、友達にめいわくをかけたことがありますか。どんなめいわくをかけましたか。
   _____
   _____
   _____

4. 今、何か文句がありますか。だれに、どんな文句がありますか。
   _____
   _____
   _____

5. 〜さんは、何をしている時にしあわせだと思いますか。
   _____
   _____

Optional

D. Choose the appropriate expression from selections a, b, or c, in parentheses.

1. A: ここで、たばこはすえませんよ。

    B: あっ、すみません。（a. 気をつけて　　　b. 気がつかなくて　　　c. いいかげんにして）。

2. A: おくれて、ごめん。地震で地下鉄が止まちゃって。

    B: じゃあ、（a. ほっといて　　　b. 冗談じゃない　　　c. 仕方がないね）。

3. A: あれ、またゲームしているの？　少しは勉強した方がいいんじゃない？

    B: （a. やめろ　　　b. 仕方がない　　　c. ほっといてくれよ）。

I. Expressing complaints using the causative-passive form

A. Complete the following table by changing each verb to its causative and causative-passive form. (For う -verbs, write both the long and short forms, as in the example.)

	Causative form	Causative-passive form
書く	書かせる 書かす	書かせられる 書かされる
あやまる		
習う		
わかれる		
泳ぐ		
かたづける		
心配する		
帰る		
来る	*	*

* Write all forms in **hiragana**.

B. Look at the pictures and complete the following sentences with causative-passive form.

■ Example:  男の子は、お母さんに　犬の散歩に行かせられました／
行かされました。

1. 女の子はお母さんに_____。

2. 男の子はお母さんに_____。

3. 男の子はお母さんに_____。

4. 女の子は男の子に_____。

5. 茶道を習った時、_____て、足が痛かったです。

C. 質問に日本語で答えて下さい。

1. 日本の子供は、両親にどんなことをさせられると思いますか。

_____

2. 日本の会社にしゅうしょくしたら、どんなことをさせられると思いますか。

_____

3. だれに何をさせられるのが好きじゃありませんか。

_____

II. Expressing or requesting efforts to change behavior using the plain present form of verbs + ように

A. Complete the following sentences using 〜ように言う／たのむ／おねがいする／注意する.
_{ちゅうい}

■ Example:　お母さん：あっ、たまごがない。道子、ちょっとコンビニに買いに行ってくれる？

　　　　　　　道子：いいよ。

　　　　　　お母さんは道子さんにたまごを　<u>買いに行くようにたのみました</u>。

1. リー：明日の映画だけど、何時にどこで会う？

　　上田：そうね。7時半からだから、7時に駅で会いましょう。時間におくれないでね。

　　リー：うん。

　　上田さんはリーさんに時間に_____。

2. 学生：日本の宗教についてのレポートは、明日出さなければいけませんか。

　　先生：いいえ、明後日クラスに持って来て下さい。

　　先生は学生にレポートを_____。

3. 上司：南さん、明日のアルバイトなんですけど、少し早く来られますか。

　　　南：いいですけど、何時に来ればいいですか。

　　上司：三上さんが来られないそうだから、いつもより二時間早く来られますか。

　　　南：はい、分かりました。

　　上司は南さんに明日のアルバイトに_____。

4. 電話で話しています。

　　　　子供：もしもし、お父さん、おそくなって、バスがもうないから、駅までむかえに来てくれる？

　　お父さん：分かった。じゃあ、今行くよ。

　　子供はお父さんに駅まで_____。

5. お母さん：また、ゲームで遊んでいるの？　ゲームはもうやめて、宿題をしなきゃだめよ。

　　　まもる：ほっといてよ。

　　お母さんはまもるにゲームを_____。

6. 道子は夏休みにアメリカでホームステイをします。

  道子：じゃあ、行ってきます。

  お母さん：気をつけて、行ってきてね。それから、ホストファミリーにあまり
　　　　　　めいわくをかけちゃだめよ。

  お母さんは道子にホストファミリーに＿＿＿＿＿＿＿＿＿＿＿＿＿＿＿＿＿＿＿＿＿＿。

B.　Complete the following sentences using 〜ようにする.

■　Example:　　医者：風邪ですね。学校は二、三日休んだ方がいいでしょう。
　　　　　　　　　　かぜ

　　　　　　　ジェフ：先生、でも、明日は大切な試験があるんですが。

　　　　　　　医者：熱がありますから、無理をしないようにして下さい。
　　　　　　　　　　　　　　　　　　　　む

1. お母さん：今晩、東京に台風が来るらしいから、今日は早く帰ってきてね。

　　　さなえ：分かった。今晩は、＿＿＿＿＿＿＿＿＿＿＿＿＿＿＿＿＿＿。

2.　先生：スミスさんは、会話の試験のためにどんなことをしていますか。

　　　スミス：毎日、日本人の友達と＿＿＿＿＿＿＿＿＿＿＿＿＿＿＿＿＿＿。

3. リー：アリスさん、インフルエンザでお休みだそうです。

　　　先生：そうですか。インフルエンザで休んでいる人がふえましたね。リーさんは、
　　　　　　大丈夫ですか。
　　　　　　じょうぶ

　　　リー：はい、私はインフルエンザになりたくないので、手を
　　　　　　＿＿＿＿＿＿＿＿＿＿＿＿＿＿＿＿＿＿＿＿＿＿＿。

4. リー：となりの部屋の人が毎晩うるさくて寝られないんだ。

　　　道子：そうなの。大変ね。となりの部屋の人に
　　　　　　＿＿＿＿＿＿＿＿＿＿＿＿＿＿＿＿＿＿って話してみたらどう？

　　　リー：それが、話したんだけど、全然だめなんだ。
　　　　　　　　　　　　　　　　　ぜんぜん

5. 橋本：レストランに昼御飯を食べに行きませんか。
　　　　　　　　　　ご

　　　石田：今日は、ちょっと。

　　　橋本：どうしたんですか。

　　　石田：夏に旅行に行きたいので、今お金を＿＿＿＿＿＿＿＿＿＿＿＿んです。

C. 質問に日本語で答えて下さい。

1. 子供の時、ご両親によく何をするように言われましたか。

_____

2. けんこうのために、何をするようにしていますか。

_____

3. 日本でホームステイをする時は、どんなことをしないようにした方がいいと思いますか。

_____

III. Expressing unchanged conditions using 〜まま

A. Smith has left his room to buy a cup of coffee. Look at the picture below and complete the sentences using 〜まま.

■ Example:　スミスさんは　<u>ドアをあけたまま</u>　出かけました。

1. テレビを_____。

2. スミスさんは、朝御飯を食べたテーブルを_____、出かけてしまいました。

3. スミスさんはおゆをわかしていましたが、_____、出かけてしまったようです。

4. スミスさんはいつも部屋の電気を_____、けしません。

5. スミスさんはそうじがきらいなので、部屋はいつも_____。

B. Complete the following conversation using ～まま.

■ Example:　A: どうしたの？

　　　　　　　B: 昨日の晩<u>まどをあけたまま寝ちゃった</u>から、風邪ひいたみたい。

1. A: 白い部屋のかべの色を変えたいんだけど、何色がいいと思う？

　 B: ぼくは、＿＿＿＿＿＿＿＿＿＿＿＿がいいと思うけど。

2. 東山：本がたくさんありますね。本が好きなんですか。

　 小川：ええ、本を読むのが趣味なんです。でも、＿＿＿＿＿＿＿＿＿＿＿、
　　　　　読んでいない本も多いんですよ。

　 東山：そうなんですか。

3. お母さん：　お帰りなさい。

　　　道子：　ただいま。

　 お母さん：　つかれたでしょう？　ニューヨークから何時間かかったの？

　　　道子：　飛行機には 14 時間乗ってた。その間＿＿＿＿＿＿＿＿＿＿＿
　　　　　　　だったから、足が痛い。

4. 　林：私が生まれた町は子供のころとすごく変わってしまったんですが、本田さんが
　　　　　生まれた町はどうですか。

　 本田：私が生まれた町は小さくて静かな町でしたが、今も＿＿＿＿＿＿＿＿＿＿＿
　　　　　ですよ。

　　　林：じゃあ、全然変わっていないんですね。

5. お父さん：お母さん、買い物から帰ってきた？

　　　友子：ううん、まだよ。＿＿＿＿＿＿＿＿＿、まだもどってきてないよ。

IV. Using the conditional ～ても and question word ～ても

A. Choose the most appropriate word from the box below and complete the sentences using ～ても. You may need to change words into their negative forms.

■ Example: 薬を<u>飲まなくても</u>、熱が下がりました。

飲む　しんじる　安全　痛い　せまい　暗い　好き

1. 今日は大切な試験があるので、頭が_____、学校に行きます。

2. 東京は_____、あぶない所もあるので、気をつけてください。

3. 野菜は体にいいですから、_____、食べた方がいいですよ。

4. 弟は部屋が_____、電気をつけないで勉強するので、目によくないと思う。

5. 日本ではキリスト教を_____、教会で結婚式をする人がいます。

6. たいてい東京のアパートは、_____とても高いです。

B. Complete the sentences using ～ても.

■ Example: 学生：先生、日本語で上手に説明できないんですが、英語で話してもいいですか。
　　　　　先生：日本語の練習ですから、<u>難しくても日本語で話してみて下さい</u>。

1. A: 私のかれし、私が_____。

　　B: えっ、おこらないの？　私のかれしなら、すぐおこると思う。

2. 山田：北川さんは、毎日運動しているんですか。

　　北川：ええ、_____。

　　山田：ジョギングですか。私も始めようかな。

3. 学生：日本は地震（しん）が多いですが、この建物は大丈（じょう）夫（ぶ）ですか。

　　先生：心配しないで下さい。この建物は_____。

　　学生：そうですか。安心しました。

4. ジェフ：さなえと健（けん）一、またけんかしたみたいだね。

　　道子：へえ。じゃあ、あの二人、わかれるのかな。

　　ジェフ：ううん、わかれないと思うよ。_____。

　　道子：そうね。さなえ、やさしいから、ゆるしちゃうのよね。

5. 先生：りょうからアパートに引っ越しをするそうですね。

　　スミス：ええ、一人で生活するのは、はじめてだし、料理も作れないし…。

　　先生：大丈夫ですよ。_____。
　　　　　（じょうぶ）

　　スミス：そうですね。がんばります。

C. Fill in the blanks with the appropriate question word + 〜ても.

■ Example:　A: このリスニングの宿題すごく難しいね。

　　　　　　B: そうだね。何回聞いてもよく分からない。

1. A: 市役所の前のイタリア料理のレストランおいしいですよね。
　　　（やく）
　 B: そうですね。でも、_____こんでいるから、私はあまり
　　　行きません。

2. A: この授業、留学生のぼくが取ることが出来るのかな。

　 B: うん、その授業は_____いいと思うよ。

　 A: よかった。

3. A: 彼女とけんかしたって、聞いたけど。もう、あやまったの？
　　　（かの）
　 B: うん、あやまったけど、_____全然ゆるしてくれないんだ。
　　　　　　　　　　　　　　　　　　　　　　　　　　　　（ぜんぜん）

4. A: 難しくなってきたから、私はもう日本語の授業を取らないつもり。

　 B: 本当？　ぼくは_____、日本語の授業は続けるつもりだよ。

5. 学生：先生、日本語で小説を読みたいんですが、何かいい本を教えていただけませんか。

　　先生：そうですね。星新一の小説はどうですか。この人の小説なら、
　　　　　（ほししんいち）
　　　　　_____おもしろいと思いますよ。

6. 田中：アメリカではすしは食べられるの？

　　ジェフ：うん、最近は_____すしが食べられるレストランがある
　　　　　けど、日本の方がぜったいにおいしいよ。

Optional

D. 質問に日本語で答えて下さい。

1. 忙しくても、毎日ぜったいにすることは何ですか。
   いそが

   _____

2. きらいでも、何かしていることがありますか。それは、何ですか。

   _____

3. どんなに練習しても上手にならなかったことがありますか。どんなことが上手になりません
   でしたか。

   _____

V. Using the plain form + のに, *despite* ～, *although* ～

A. Choose the most appropriate word or phrase from the box below, change it to the appropriate form (e.g., negative, past tense, etc.) and then complete the sentence using ～のに.

■ Example:　上田：スカイツリーに行ったことがありますか。

　　　　　　山田：いいえ、<u>東京に住んでいるのに</u>、まだ行ったことがないんです。

東京に住む　忙しい　年下　かぎをかける　ひろい　晴れる　学校に行く
いそが　　　 としした

1. お父さん：さなえ、病気なんだって。

　 お母さん：そうなのよ。今朝、_____、すぐ家にもどってきちゃったの。

2. 三年生：今年の一年生の話し方をどう思う？

　 二年生：そうですね。先輩に話す時、_____、ていねいな話し方を
　　　　　　ばい
　　　　　　しない人が多いと思います。

3. リー：サムさん、来学期はアパートに引っ越しをするそうですね。
　　　　　　　　　　　　　　　　　　　　　　　　こ
　 サム：ええ、大学のりょうは_____、とても高いんです。だから、
　　　　　アパートに住むことにきめました。

4. 上司：たのんでおいたレポート終わってる？
　　し
　 部下：はい、森山さんが_____、手伝ってくれたので、一時間
　　　　　　　　　　　　　　　　　　　　　　　　つだ
　　　　　前に終わりました。

5. A: どろぼうに入られたそうですね。

　 B: ええ、_____、どろぼうはそのかぎをこわして入ったんです。

6. A: あれ、雨ですよ。

　 B: えっ、_____、変な天気ですね。

B. Complete the following sentences using 〜のに .

■ Example: 上田：昨日の試験、どうだった？

リー：<u>たくさん勉強したのに、全然出来なかった。</u>

上田：そう。残念だったね。

1. 先生 A: 10時のクラスのスミスさん、困った学生ですね。

先生 B: どうしたんですか。

先生 A: _____んですよ。

先生 B: そうですか。困りますね。

2. 花田：となりの人のことで困っているそうですね。

月本：_____んですよ。

山田：大変ですね。大家さんに相談してみたらどうですか。

3. サム：ラジュのルームメート、問題の多い人なんだって？

ラジュ：_____んだ。

サム：ルームメートに文句を言った方がいいよ。

4. 電話で話しています。

道子：もしもし、アリス？

アリス：あっ、道子？

道子：熱、下がった？

アリス：_____。

道子：そう。じゃあ、病院に行った方がいいよ。

5. A: お金、ためているんでしょ？

B: うん、夏休みに旅行に行くためにためてるんだ。でも、

_____。

A: そうか。お金ためるのは、難しいよね。

総合練習　Integration

次の文章 (*text*) を読んで、質問に答えて下さい。

観光客のマナー

　外国の人が 1 年間にどのぐらい日本に来るか知っていますか。2014 年に日本に来た外国人は約 1341 万人だそうです。その 50 年前は、約 35 万人ですから、日本に来る外国人はとても多くなりました。ですから、最近は日本のどこに行っても外国人の観光客がいます。これは、日本にとってはとてもうれしいことだと 思います が、少し困ったことも起きているようです。それは、文化や伝統的な習慣の違いから起きる外国の観光客のマナーの 問題 です。日本に来る外国人の観光客が日本のマナーを知らないために、日本人がいやな気持ちに（ 1. ）しまうことがあるのです。

　それで、外国人の観光客が多い京都市は外国人にマナーに気をつけるようにおねがいするためのリーフレットを作りました。 その 中には「ゴミを道に捨てないように 、トイレを汚さないようにして下さい。お寺や神社で大きな声で騒がないようにしましょう。サングラスをしたまま、帽子をかぶったままで神社やお寺を参拝しないようにして下さい。電車やバスに乗る時や切符を買う時にはならぶようにして下さい」などのマナーについての注意が（ 2. ）います。

　みなさん、日本でのマナーは大丈夫ですか。日本だけではなくて、外国に行く時は、その国のマナーを調べてから行った方がいいと思います。そして、マナーがよく分からない時は、その国の人に聞くようにした方がいいと思います。それから、日本人はアメリカやヨーロッパ、そして、中国の人々よりよく謝ると言われています。外国では自分が本当に間違った時、何か悪いことをした時に謝るようですが、日本では自分が悪いことをしたか、間違ったかではなくて、迷惑がかかった相手の気持ちを考えて謝るようです。文化の違いですから、どちらの方がいい、悪いでは

ありませんが、日本を旅行する時は、日本のマナーだけでなく、日本人の考え方を理解して旅行すると、もっと楽しい旅行が出来るのではないでしょうか。

リーフレット＝ *leaflet*　参拝する＝ *to visit (a shrine or temple)*　ならぶ＝ *to line up*
理解する＝ *to understand*

1. 思います は、だれが思いますか。

    a. 外国人　b. 日本人　c. 読んでいる人　d. この文 (text) を書いている人

2. 問題 is a noun that is modified by a preceding clause. Where does the modifying clause start?

    a. それは　b. 文化　c. 習慣　d. 観光客

3. What does the word その refer to?

    a. リーフレット　b. 京都市　c. 外国人のマナー　d. 外国人の観光客

4. （1.）と （2.）には、次のどれが一番いいですか。

    （1.）a. して　b. させて　c. されて　d. させられて

    （2.）a. 書いて　b. 書かせて　c. 書かれて　d. 書かされて

5. 日本のお寺や神社では、どんなことをしない方がいいですか。

    _____

6. 日本人はどうしてよく謝るのですか。

    _____

7. ○×をつけなさい（*to put*）。（○ = *True,* × = *False*）

    （　　　）外国人の観光客は日本の東京と京都にだけ行く。

    （　　　）観光客のマナーが悪い理由は、日本と外国の文化や習慣が違うからだ。

    （　　　）外国に行く前に、その国のマナーを調べたり、その国の人にマナー
    　　　　を聞いたりした方がいい。

    （　　　）この文 (text) を書いた人は、日本を旅行する時は日本のマナーだけを知って
    　　　　いれば、楽しい旅行ができると思っている。

8. あなたの国に日本人の観光客が行った時に、どんなマナーに気をつけた方がいいですか。
かんこう
日本人が気をつけた方がいいマナーを説明しましょう。

_____

_____

_____

_____

_____

_____

_____

書く練習 **Writing Practice**

A. Look at the chart on pages 486–488 of your textbook and write each **kanji** ten times using the handwritten style.

相											
談											
貸											
借											
返											
開											
閉											
伝											
覚											
歌											
声											
静											
夜											
直											
置											

記
注
句
合
忙
然
号
村

B. Rewrite each sentence using kanji and hiragana.

1. となりのへやのひとがよなかにいつもうるさいので、おおやさんにそうだんして、もんくを
いってもらった。

_____

2. あねはこえがきれいだし、うたをうたうのもじょうずだ。

_____

3. つくえのうえにおいておいたにっきを　おとうとによまれてしまった。

_____

4. としょかんからかりたほんをまだかえしていないので、あしたとしょかんがしまるまえに、
かえしにいくつもりだ。

_____

5. きむらさんは、ともだちのでんわばんごうをぜんぶおぼえている。

_____

6. ルームメートはしょうじきなひとだが、へやのそうじをぜんぜんてつだってくれないので、
こまっている。

_____

7. しりあいのひとがかしてくれたほんを　しずかなきっさてんでよんだ。

_____

8. このみちはせまいので、くるまのドアをあけるときは　ちゅういしてください。

_____

9. だいがくいんせいのせいかつはいそがしすぎるから、はやくそつぎょうしたいとおもってい
る。

_____

ラボの練習　**Lab Activities**

Part 1: Speaking and Listening Comprehension Activities

I.　Expressing complaints using the causative-passive form

A.　Listen to the following conversations and make a statement using the causative-passive form of the verb.

■　You hear:　　　　　　　お母さん：健二、宿題したの？
けん

　　　　　　　　　　　　健二：まだ。
けん

　　　　　　　　　　　　お母さん：しなくちゃだめでしょう。

　　　　　　　　　　　　健二：分かったよ。
けん

You see and say:　　　子供はお母さんに宿題をさせられます。

You hear:　　　　　　　子供はお母さんに宿題をさせられます。

You repeat and write:　子供はお母さんに宿題をさせられます。

1.　学生は先生に_____。

2.　お父さんは女の子に_____。

3.　川中さんは上司に_____。
　　　　　　　し

4.　さとるはお母さんに_____。

5.　あつ子はゆみに_____。

6.　まもるは春子に_____。

B. Listen to the conversations and the questions which follow them. Answer the questions using the causative-passive form.

■ You hear:

　　　　　　　　　　　　大輔：ただいま。

　　　　　　お母さん：どうしたの？　元気がないわね。

　　　　　　　　　　　　大輔：うん。アルバイト、もう来なくていいって言われたんだ。

　　　　　　お母さん：そうなの。大丈夫よ。アルバイトはほかにもたくさんあるから。

Question:　　　　大輔は、どうして元気がありませんか。

You say and write:　<u>大輔はアルバイトをやめさせられたので、元気がありません。</u>

1. _____

2. _____

3. _____

4. _____

Optional

C. 質問に日本語で答えて下さい。

1. _____

2. _____

3. _____

II. Expressing or requesting efforts to change behavior using the plain present form of verbs + ように

A. Listen to the conversations and complete the following sentences using 〜ように言う／たのむ／おねがいする／注意する.
ちゅうい

■ You hear:　　　　　　　先生：スミスさん、起きて下さい。授業で寝ないで下さい。

　　　　　　　　　　　　スミス：あっ、すみません。朝まで、宿題をしていたので。

You see and say:　　先生はスミスさんに　授業で寝ないように注意しました。
　　　　　　　　　　　　　　　　　　　　　　　　　ちゅうい

You hear:　　　　　　先生はスミスさんに　授業で寝ないように注意しました。
　　　　　　　　　　　　　　　　　　　　　　　　　ちゅうい

You repeat and write:　先生はスミスさんに　授業で寝ないように注意しました。
　　　　　　　　　　　　　　　　　　　　　　　　　　ちゅうい

1. 女の人は男の人に_____

2. 先生はスミスさんに_____

3. リーさんはスミスさんに_____

4. お母さんはまもるに_____

5. 女の人は大家さんに_____
　　　　　　　おおや

B. Listen to the conversations and answer the questions which follow using 〜ように.

■ You hear:　　　　　　　先生：　スミスさん、またですか。もう授業は始まっていますよ。
　　　　　　　　　　　　　　　　はやくすわって下さい。

　　　　　　　　　　　　スミス：　あっ、すみません。明日はぜったいに早く来ます。

Question:　　　　　スミスさんは明日、何をすると思いますか。

You say:　　　　　　スミスさんは明日、授業に早く来るようにすると思います。

You hear:　　　　　　スミスさんは明日、授業に早く来るようにすると思います。

You repeat and write:　スミスさんは明日、授業に早く来るようにすると思います。

1. _____

2. _____

3. _____

4. _____

5. _____

C. 質問に日本語で答えて下さい。

1. _____

2. _____

3. _____

III. Expressing unchanged conditions using 〜まま

A. Listen to the conversations and complete the sentences using 〜まま.

■ You hear: お母さん：お父さん、寝てるの？　寝てるんだったら、テレビは
            けして。

           お父さん：あっ、ごめん。今、けすよ。

 You see and say: お父さんは<u>テレビをつけたまま</u>寝ていました。

 You hear: お父さんはテレビをつけたまま寝ていました。

 You repeat and write: お父さんは<u>テレビをつけたまま</u>寝ていました。

1. けんじは_____、かたづけませんでした。

2. 今日は朝から晩まで_____。

3. 子供の部屋が_____のので、お母さんはおこっています。

4. ジェフはいつも_____のので、まもるは困っています。

5. 道子さんは_____、下がらないそうです。

B. Listen to the conversations and describe the situations which are depicted using 〜まま.

■ You hear: お母さん：あっ、サムさん、だめよ。家に入る時は、くつをぬいで。

      サム：あっ、すみません。

 You write: <u>サムさんはくつをはいたまま、家に入りました。</u>

1. _____

2. _____

3. _____

4. _____

5. _____

IV. Using the conditional ～ても and question word ～ても

A. Listen to each statement. First, change that statement using ～ても. Then, choose the most appropriate option from the list to complete the sentence.

■ You hear:　　　　　　　アルバイトで忙しい。

　　　You say and choose:　　アルバイトで忙しくても、（ a ）毎日勉強します。

　　　You hear:　　　　　　　アルバイトで忙しくても、毎日勉強します。

　　　You repeat and write: <u>アルバイトで忙しくても、（ a ）毎日勉強します。</u>

　　a.　毎日勉強します。

　　b.　となりの人は毎晩さわぎます。

　　c.　バスで行くことが出来ます。

　　d.　部屋のそうじをしません。

　　e.　家族がいればしあわせです。

　　f.　けんかをします。

　　g.　はんざいに気をつけた方がいいです。

1. _____（　　　）

2. _____（　　　）

3. _____（　　　）

4. _____（　　　）

5. _____（　　　）

6. _____（　　　）

B. Listen to each conversation, then answer the question about it using 〜ても.

■ You hear:　　　　　　　女の人：山田先生の経済の授業、取ろうと思うんだけど。

　　　　　　　　　　　　男の人：ああ、山田先生の授業、難しいよ。でも、すごく
　　　　　　　　　　　　　　　　おもしろかったから、取った方がいいよ。

　　　　　　　　　　　　女の人：じゃあ、そうする。

Question:　　　　　　　女の人は、山田先生の経済の授業を取りますか。

You say and write:　<u>はい、女の人は山田先生の経済の授業が難しくても取ります。</u>

1. _____

2. _____

3. _____

4. _____

5. _____

C. Listen to each conversation. Then complete the sentence which follows using the question word + ても
construction.

■ You hear:　　　　　　　女の人：バスていの前の和食のレストランだけど。

　　　　　　　　　　　　男の人：ああ、あのレストランね。

　　　　　　　　　　　　女の人：おいしい？

You see and say:　　　　男の人：うん、<u>何を食べても</u>おいしいよ。

You hear:　　　　　　　うん、何を食べてもおいしいよ。

You repeat and write:　うん、<u>何を食べても</u>おいしいよ。

1. 友美：でも、日本の会社は_____大変だと思う。

2. 先生：そうですね。_____いい勉強になると思いますよ。

3. アリス：ううん、_____ 分からないの。

4. 男の人：うん、_____ゆるしてくれないんだ。

5. 女の人：私は北海道で生まれたので、_____大丈夫です。

Optional

D. 質問に日本語で答えて下さい。

1. _____

2. _____

3. _____

V. Using the plain form + のに , *despite* ～ , *although* ～

A. Listen to each statement. Choose the picture from those below that belongs with the statement, and expand the original statement to show why it is true using ～のに .

■ You hear: 学校は休みになりませんでした。

You choose and say: たくさん雪がふったのに、学校は休みになりませんでした。

You hear: たくさん雪がふったのに、学校は休みになりませんでした。

You repeat and write: <u>たくさん雪がふったのに、学校は休みになりませんでした。</u>

Example   1   2   3

4   5   6

1. _____

2. _____

3. _____

4. _____

5. _____

6. _____

B. Listen to each conversation and complete the statement that follows using 〜のに.

■ You hear: 　　　　男の人：この店、あんまりおいしくないね。
　　　　　　　　　　女の人：そうね。でも、いつもこんでるけど。

You see and write: 　この店は<u>おいしくないのに、いつもこんでいます。</u>

1. 男の子は_____。

2. 山田さんは_____。

3. さなえは_____。

4. 森さんは_____。

5. 道子は_____。

Part 2: Dict-A-Conversation

スミスさんは、アパートの大家さんの所に話しに行きました。
おおや

大家さん：_____
おおや

スミス：_____

大家さん：_____
おおや

スミス：_____

大家さん：_____
おおや

スミス：_____

大家さん：_____
おおや

スミス：_____

大家さん：_____
おおや

スミス：_____

大家さん：_____
おおや

スミス：_____

Chapter 11
第十一課
だい　か
Talking about Employment

就職相談
しゅうしょく

Workbook Activities

単語の練習　Vocabulary Practice
たん

A. Draw a line from each noun below to the verb it should go with.

■ Example:　　　　A　　　　　　　B

友達を　　　　　　ある

やりがいが　　　　しょうかいする

1. アルバイトを　　　　　記入する
き にゅう

2. イギリスに　　　　　　出張する
しゅっちょう

3. 招待状に　　　　　　　やとう
じょう

4. 申込用紙に　　　　　　返事をする
もうしこみ　　　　　へん じ

5. 研究室を　　　　　　　たずねる
けんきゅうしつ

B. Fill in the parentheses with the appropriate word from the list below.

a. 動機　b. どりょく　c. めんせつ　d. 結果　e. 活動　f. じょうほう　g. せんもん
どうき　　　　　　　　　　　　けっか　かつどう

■ Example:　就職（ e ）をするために、スーツを買いました。
しゅうしょく

1. インターネットで色々な国の（　　　）をすぐ調べることが出来る。

2. 高校生の時、（　　　）して勉強したので、いい大学に入れた。

3. 山下先生の（　　　）は、アジアの仏教のれきしだそうだ。
ぶっ

4. 入学試験の（　　　）は、インターネットで調べられるそうだ。

5. 明日の（　　　）試験が心配で、寝られない。

6. この会社におうぼした（　　　）を話して下さい。

C. 質問に日本語で答えて下さい。

1. 自己紹介ではどんなことを話しますか。
じ こ しょうかい

_____

2. すいせんじょうを書いてもらったことがありますか。いつだれにすいせんじょうを書いてもらいましたか。

_____

_____

3. ～さんの国では大学生はいつ就職活動を始めますか。
しゅうしょくかつどう

_____

4. どんなものが就職活動に必要だと思いますか。
しゅうしょくかつどう　　ひつよう

_____

5. 筆記試験と面接試験とどちらの方が好きじゃありませんか。それはどうしてですか。
ひっき　　めんせつ

_____

_____

Optional

D. Choose the appropriate expression from selections a, b, or c, in parentheses.

1. A: スミスさん、日本語が上手になりましたね。

B: いいえ、（a. まあまあです　b. お世話になっております　c. まだまだです）。

2. 森さんと先生は１年間会いませんでした。

森：（a. ごぶさたしております　b. おかげさまで　c. お世話になっております）。

先生：本当ですね。元気でしたか。

3. 道子さんはケーキを作りました。

アリス：このケーキ、すごくおいしい。デパートで買ってきたケーキみたい。

道子：（a. おかげさまで　b. そう言ってもらえるとうれしい　c. 残念ながら、私の力不足で）。

I. Using honorific expressions to show respect

A. Draw lines from the verbs in column A to the corresponding irregular honorific verbs in column B.

A	B
1. 寝る	ごらんになる
2. 来る	いらっしゃる
3. する	めし上がる
4. 飲む	なさる
5. 見る	お休みになる
6. 着ている	おめしになっている

B. Fill in the blanks with the appropriate words. If there is no appropriate word for a blank insert N/A.

Regular	Meaning	Honorific verbs お〜になる	Irregular honorific verbs
ex. 飲む	to drink	お飲みになる	めし上がる
食べる	to eat		
行く	to go		
聞く	to inquire		
れんらくする	to get in touch with		
すわる	to sit down		
売っている	to be selling		
返事する へんじ	to respond		
ほめる	to praise		
言う	to say		
ことわる	to decline		
いる	to exist/to be		
貸してくれる	to lend (to me)		

C. Underline the the verbs which need to be changed to an honorific form, then write the appropriate honorific expression underneath the verb to be changed, as in the example.

■ Example:　学生：先生はいつアメリカに<u>来た</u>んですか。
　　　　　　　　　　　　　　　　　　いらっしゃった

　　　　　　　先生：５年前ですよ。

1. 部下：山田が社長は明日から出張に行くと言っていましたが、いつもどりますか。
　　　　　　　　　　　しゅっちょう

　　　上司：水曜日にはもどってきますよ。
　　　　し

2. 学生：先生はこの漫画を読んだことがありますか。
　　　　　　　　　　まん

　　　先生：いいえ、その漫画は読んだことはありませんね。
　　　　　　　　　　　まん

3. スミス：先生は料理が上手だそうですが、よく和食も作りますか。

　　　　先生：ええ、時々作りますよ。スミスさんはどうですか。

　　　　スミス：私はあまり作りませんが、私の母は時々作ります。

4. レストランの店員：いらっしゃいませ。お一人ですか。

　　　　　　　お客さん：三人なんですけど、大丈夫ですか。
　　　　　　　　　　　　　　　　　　　じょうぶ

　　　レストランの店員：はい。今、テーブルをかたづけますので、待って下さい。

5. スミス：先生は大学生の時、留学していましたね。

　　　　先生：ええ、していました。

　　　スミス：どこで勉強したんですか。

6. 学生：先生、今日は忙しいですか。

　　　先生：何ですか。質問ですか。

　　　学生：はい、午後に先生の研究室に行きたいんですが、先生は何時までいますか。

　　　先生：五時ごろまでいますよ。

D. Write three questions that you want to ask to your teacher. Make sure to use honorific expressions in your questions.

■ Example: 昨日の昼御飯は何をめし上がりましたか。
　　　　　　　　ご

1. _____

2. _____

3. _____

II. Using humble expressions to show respect

A. Draw lines from the verbs in column A to the corresponding irregular humble verbs in column B.

A	B
1. 見る	いたす
2. いる	拝見する はいけん
3. する	まいる
4. 知っている	おる
5. 行く	ぞんじておる

B. Fill in the blanks with the appropriate words. If there is no appropriate word for a blank insert N/A.

Regular	Meaning	Humble verbs お～する	Irregular honorific verbs
ex. 作る	to make	お作りする	N/A
言う	to say		
来る	to come		
食べる	to eat		
つきあう	to go out with, to socialize with		
調べる	to check		
会う	to meet		
電話する	to call		
する	to do		
たずねる	to visit		
返す	to return		
努力する どりょく	to make an effort		

C. Underline the verbs which need to be changed to a humble form, then write the appropriate humble expression under the verb to be changed, as in the example below.

■ Example: 先生：お名前は？

学生：リーと<u>言います</u>。
申します

1. お客さん：すみません。これ下さい。

店員：はい、かしこまりました。つつみますか。

お客さん：おねがいします。クレジットカードではらえますか。

2. 先生：このすいせんじょうの締め切りはいつですか。

学生：えっと、今、分からないので、後で知らせます。

3. 上司：来週の会議の書類が見たいんだけど。

部下：あっ、はい、今、持って行きます。

4. 友達のお母さん：おいしいケーキがあるんですよ。食べませんか。

アリス：いいんですか。じゃあ、食べます。

5. 上司：地震さいがいについての書類だけど、

部下：すみません、何と言いましたか。

上司：地震さいがいについての書類だけど、もう山田さんに送ってありますか。

部下：はい、もう送ってあります。

D. Underline the verbs that need to be changed to honorific, humble or polite expressions, then write the appropriate expression under the verbs to be changed, as in the example below.

■ Example:　後輩：<u>帰ります</u>か。
　　　　　　　　　　お帰りになります

　　　　　　　先輩：ええ、雨がふる前に帰ろうと思って。

　　　　　　　後輩：私は車で来ているので、駅まで<u>乗せます</u>よ。
　　　　　　　　　　　　　　　　　　　　　　　　お乗せします

1. パーティで
　　学生：先生、もうおすしを食べましたか。

　　先生：いいえ、まだです。どこにすしがありましたか。

　　学生：あっ、先生、私が今、持って来ます。

2. 会社で
　　先輩：ソニーの田中さん、もう来ていますか。

　　後輩：いいえ、まだ来ていません。田中さんが着いたら、知らせましょうか。

　　先輩：じゃあ、おねがいします。

3. 学生：先生、ちょっと聞いてもいいですか。

　　先生：ええ、何ですか。

　　学生：先生は、どこで英語を勉強したんですか。

4. ホテルの人：昨日は、よく寝られましたか。

　　お客さん：はい、よく寝ました。あのう、朝御飯を食べる所はどこですか。

　　ホテルの人：今、案内します。こちらです。どうぞ。

III. Expressing directionality in time using 〜ていく and 〜てくる

A. Circle the most appropriate word in the parentheses for each sentence.

■ Example:　A：このコンピュータ、安いですね。

　　　　　　B：そうですね。20年前は高かったですが、最近は安く（なっていきました　なってきました）。

1. 森田：もう春なのに、まだ寒いですね。

　　東山：そうですね。全然あたたかく（なっていきません　なってきません）ね。

2. 先生：今学期も終わりですね。日本語の勉強は続けますか。

　　学生：はい、もっと上手になりたいので、（続けていく　続けてくる）つもりです。

3. 　アリス：日本では留学生はふえているんですか。

　　お母さん：そうね。アジアからの留学生は（ふえていって　ふえてきて）いるみたいだけど。アメリカはどう？

　　　　アリス：よく分かりませんが、私の大学では、日本人の留学生は（へっていって　へってきて）いるらしいです。だから、私の大学では日本語を話す機会は少ないんです。

4. 白鳥：朝なのに、暑いね。

　　黒木：そうね。でも、今日は気温がもっと（上がっていく　上がってくる）そうですよ。

5. リー：（くもっていき　くもってき）ましたね。

　　上田：そうですね。雨がふるかもしれませんね。

B. Complete the conversations using 〜ていく or 〜てくる.

■ Example: A: 雨の音ですか。

B: ええ、雨が<u>ふってきた</u>みたいですね。

1. 田中：キムさんは日本語が上手ですね。

キム：いいえ、まだまだです。でも、日本語は高校から６年間＿＿＿＿＿＿＿＿＿＿。

田中：６年間勉強しているんですか。すごいですね。

2. 学生：先生、３年生の日本語の授業は難しいですか。

先生：そうですね。今より授業は＿＿＿＿＿＿＿＿＿＿＿＿＿けど、心配しなくても
いいですよ。

3. ジェフ：台風が来ているって聞いたけど。

大輔：うん、だから、これから天気が＿＿＿＿＿＿＿＿＿＿らしいよ。

ジェフ：じゃあ、天気が悪くなる前に家に帰った方がいいね。

4. 安田：どうしたの？

北川：パソコンでレポートを書いていたら、かたが＿＿＿＿＿＿＿＿＿。

安田：大丈夫？　パソコンを長い時間使うと、すごくかたがこるよね。

5. リー：先生、先生が子供のころの東京と今の東京は同じですか。

先生：いいえ、全然違いますよ。高い建物はあまりありませんでしたよ。

リー：そうですか。じゃあ、東京は変わったんですね。

先生：そうですね。でも、これからも＿＿＿＿＿＿＿＿＿＿＿＿と思いますよ。

C. 質問に日本語で答え下さい。

1. 子供の時から、どんなことを続けてきていますか。

＿＿＿＿＿＿＿＿＿＿＿＿＿＿＿＿＿＿＿＿＿＿＿＿＿＿＿＿＿＿＿＿＿＿

2. 日本語が上手になるために、どんなことをしていかなければいけませんか。

＿＿＿＿＿＿＿＿＿＿＿＿＿＿＿＿＿＿＿＿＿＿＿＿＿＿＿＿＿＿＿＿＿＿

3. 世界の気候はどうなっていくと思いますか。

＿＿＿＿＿＿＿＿＿＿＿＿＿＿＿＿＿＿＿＿＿＿＿＿＿＿＿＿＿＿＿＿＿＿

IV. Pronoun の, the noun こと, and ことになる／ことにする

A. Circle the most appropriate of the choices in parentheses.

■ Example:　アリス：これ、道子の本？

　　　　　　　道子：ううん、私の本じゃないよ。それさなえ（⦿　こと）よ。

1. お母さん：子供の時に動物園に行った（の　こと）、覚えてる？

　　　子供：ううん、覚えてないよ。

2. 先生：大学生活について心配している（の　こと）がありますか。

　　学生：いいえ、ありません。

3. ジェフ：この新しいタブレット、大輔のタブレット？

　　大輔：違うよ。ぼく（の　こと）は、iPad の古い（の　こと）だから。
　　すけ

4. 早川：小山さんの家族は、みんな海外旅行に行ったことがありますか。

　　小山：海外旅行に行ったことがある（の　こと）は、父と私だけです。

5. 　大木：いじめの（の　こと）を調べているそうですね。

　　スミス：ええ、その（の　こと）に興味を持っているので。

B. Complete the following conversations using 〜の or 〜こと.

■ Example:　A: 昨日、授業を休んだ人はだれですか。

　　　　　　B: 昨日休んだのは、田中さんです。

1. デパートのかばん売り場で

　A:　この大きいかばんはどうですか。

　B:　そうですね。それもいいですけど、私はあそこにある色が＿＿＿＿＿＿＿もいい
　　　と思うんですが。

　A:　ああ、あれですか。ほんと、きれいな色ですね。

2. 古田：田中さんが病気で＿＿＿＿＿＿＿＿を知っていましたか。

　高山：入院しているんですか。

　古田：ええ、先週から駅の近くの病院に入院してるんですよ。

3. A:　昨日の昼ご飯、何、食べた？

　B:　昨日＿＿＿＿＿＿＿は、スパゲティだよ。だから今日は、ハンバーガーが
　　　いいかな。

4. リー： ジェフ、元気がなかったけど、どうしたんだろう。

   スミス： ホストファミリーのお母さんに、＿＿＿＿＿＿＿＿＿＿＿を言っておこられた らしいよ。

   リー： 失礼？　ジェフ、何を言ったんだろう。

5. A： スポーツは何でも出来るそうですね。

   B： いいえ、＿＿＿＿＿＿＿＿＿＿＿もありますよ。たとえば、テニスはあまり上手じゃ ありません。

C. Complete the following conversations using 〜 ことになる or 〜ことにする.

■ Example: アリス：風邪をひいている人が多くなったと思わない？
かぜ
道子：そうね。私は風邪をひきたくないから、<u>よく手をあらうことにして
かぜ
いるの。</u>

1. 学生：先輩、色々とお世話になりました。来月、＿＿＿＿＿＿＿＿＿＿＿＿＿＿＿＿＿＿。
ぱい
先輩：えっ、辞めちゃうの、会社を？
ぱい

2. 道子：何してるの？

   アリス：日本語の作文の宿題。水曜日までに＿＿＿＿＿＿＿＿＿＿＿＿＿＿＿＿＿。

3. 大川：プロジェクトの会議ですが、いつしますか。
かいぎ
橋本：そうですね。今日は忙しいから、＿＿＿＿＿＿＿＿＿＿＿＿＿＿＿か。

   大川：じゃあ、そうしましょう。

4. 高子：アリスは、大学一年生の時、どんな所に住んでいたの？

   アリス：私の大学では、一年生は＿＿＿＿＿＿＿＿＿＿＿＿＿＿＿＿。

   高子：へえ、じゃあアリスもりょうに住んでいたんだ。

5. 大木：就職活動をしているそうですね。どんな会社におうぼするつもりですか。
しゅうしょくかつどう
スミス：実は＿＿＿＿＿＿＿＿＿＿＿＿＿＿＿＿＿＿＿。大学院で勉強を続けます。

   大木：そうですか。それもいいですね。

D. 質問に「〜ことにする」か「〜ことになる」を使って答えて下さい。

1. けんこうのために、どんなことをしていますか。

   _____

2. 日本語の授業では、プロジェクト（*project*）をすることになっていますか。どんな
   プロジェクトをすることになっていますか。

   _____

3. 〜さんの家では、どんな習慣がありますか。

   Example: 私の家では、父の誕生日に食事に行くことになっています。

   _____

   _____

V. Expressing quantity-related emphasis using quantity expression + も

A. Fill in the blanks with either "1 + counter + も" or "number/question word + counter + も."

■ Example: 試験の前に、いい学生は<u>何時間も</u>勉強しますが、悪い学生は<u>一時間も</u>勉強
しません。

1. 田中：昨日は、_____アルバイトをしました。

西川：8時間ですか。大変でしたね。

2. 道子：アリス、おすし、作ったことある？

アリス：ううん、_____作ったことない。

3. 先生：このクラスにスペイン語が話せる人はいますか。

学生：このクラスにはスペイン語が話せる人は_____いないと思います。

先生：そうなんですか。話せる人はいないんですか。

4. まもる：ボブの日本語の先生は有名な先生なんでしょ。

ボブ：うん、有名。よく分からないけど、日本語の教科書を_____書いて
いるらしいよ。

まもる：すごいね。

5. トム：昨日は暑かったから、アイスクリームを_____食べちゃった。

友美：三つ？　食べすぎじゃない？

B. Complete the following conversations using "1 + counter + も ~negative" or "number/question word + counter + も ~ affirmative."

■ Example: 先生：京都に行ったことがありますか。

学生：いいえ、まだ<u>一度も行ったことがありません</u>。

先生：じゃあ、アメリカに帰る前にぜひ行って下さいね。

学生：先生は、京都に行ったことがありますか。

先生：ええ、<u>何度も行ったことがあります</u>よ。

1. ジェフ：昨日、高子に待たせられったって聞いたけど。

健一：うん、駅で_____待ってたんだけど。

ジェフ：すごく待ったんだね。

2. 田中先生：スミスさんはどんな学生ですか。

　　木村先生：いい学生ですよ。授業は＿＿＿＿＿＿＿＿＿＿＿＿＿＿です。

　　田中先生：そうですか。授業を休まない学生はいいですね。

3. 大川：彼女とけんかしたんだって。あやまったの？
　　　　　　^(かの)

　　橋本：うん、＿＿＿＿＿＿＿＿＿＿＿＿＿＿＿けど、ゆるしてくれないんだ。

4. 木村：どこに行くんですか。

　　山下：図書館です。今週は試験が＿＿＿＿＿＿＿＿＿＿＿ので、大変なんです。

　　木村：たくさんあるんですね。がんばって下さい。

5. 　先生：スミスさんは、日本語で小説を読んだことがありますか。

　　スミス：いいえ、まだ＿＿＿＿＿＿＿＿＿＿＿＿＿＿んです。

　　　先生：そうですか。短い小説なら、読めると思いますから、読んでみたらどうですか。

C. 質問に日本語で答えて下さい。

1. まだ一度も食べたことがない和食は何ですか。

＿＿＿＿＿＿＿＿＿＿＿＿＿＿＿＿＿＿＿＿＿＿＿＿＿＿＿＿＿＿＿＿＿＿＿＿＿＿

2. どんな所（山、外国、動物園 etc.）に何度も行ったことがありますか。

＿＿＿＿＿＿＿＿＿＿＿＿＿＿＿＿＿＿＿＿＿＿＿＿＿＿＿＿＿＿＿＿＿＿＿＿＿＿

3. 子供の時は両親にどんなことを何度も言われましたか。

＿＿＿＿＿＿＿＿＿＿＿＿＿＿＿＿＿＿＿＿＿＿＿＿＿＿＿＿＿＿＿＿＿＿＿＿＿＿

総合練習　Integration
そうごう

次の文章（*text*）を読んで、質問に答えて下さい。
ぶんしょう

新入社員研修
しんにゅう　　　　　　けんしゅう

　　日本の会社では、大学を卒業して会社に就職した新入社員に研修をします。
しんにゅう　　けんしゅう
2014 年の調査によると新入社員研修をしている会社が 93.5%（ 1. ）あるそうです。
しんにゅう　　けんしゅう
では、研修の目的は何でしょうか。そして、どんなことを勉強するのでしょうか。
けんしゅう

　　新入社員研修の一番大切な目的は、学生の気持ちを働く人の気持ちに変えるこ
しんにゅう　けんしゅう
とです。就職すると、学生の時とは、話し方、つきあう人、時間の使い方など全部
が変わることになります。ですから、学生の時と同じ気持ちでいたら、いい仕事を
することは難しいです。そのために、新入社員研修をして、働く人の気持ちを持つ
しんにゅう　　けんしゅう
ことが大切だと 教える のです。研修では、まずビジネスマナーや敬語の使い方を習
けんしゅう　　　　　　　　　　　　　　　　　　　　けいご
います。もちろん学校でも何度も敬語を勉強して（ 2. ）いるのですが、会社に入
けいご
るまで正しい敬語を使って話す機会は少ないので、わかい人はあまり上手に敬語が
けいご　　　　　　　　　　　　　　　　　　　　　　　　　　　　　　　　　けいご
使えません。だから、会社に入って、もう一度勉強しなければいけないのです。
その 次に、コミュニケーションする力、チームワークを大切にしなければいけない
ことを教えられます。日本の会社では「報告、連絡、相談」が大事なことと考えら
ほうこく　れんらく　そうだん
れているので、チームワークを大切にして仕事をする必要があります。そのほか、
この研修では、仕事の内容、仕事のやり方なども習うことに（ 3. ）います。
けんしゅう　　　　　　　ないよう

　　日本では最近、就職しても仕事にやり甲斐を持てなくて、すぐに会社を辞めて
が い
しまう わかい人 も多くなってきました。辞めてしまうわかい人を少なくするために
も、新入社員研修は大切だと考えられています。
しんにゅう　けんしゅう

　　みなさんの国では、新入社員研修がありますか。もしあるなら、研修ではどん
しんにゅう　　　けんしゅう　　　　　　　　　　　　　　　　けんしゅう
なことをしますか。

2014 年　産労総合研究所調査
さんろうそうごうけんきゅうじょ

新入社員 = *newly hired employee*　　研修 = *training*　　敬語 = *polite language*　　報告 = *report*
しんにゅうしゃいん　　　　　　　　　　けんしゅう　　　　　　けいご　　　　　　　　　　　　ほうこく
内容 = *content*
ないよう

1. 教える は、だれが教えますか。

    a. 社会   b. 会社   c. 働いている人   d. 就職した人

2. What does the word その refer to?

    a. 新入社員研修   b. 働く人の気持ちを持つ   c. 敬語の勉強   d. ビジネスマナー
     しんにゅう けんしゅう   けいご

3. わかい人 is a noun that is modified by a preceding clause. Where does the modifying clause start?

    a. 就職しても   b. 仕事に   c. 持てなくて   d. すぐに

4. （1.）、（2.）、（3.）には、次のどれが一番いいですか。

    （1.）a. が   b. に   c. で   d. も

    （2.）a. いって   b. きて

    （3.）a. して   b. なって

5. 新入社員研修で教えられる一番大事なことは何ですか。
  しんにゅう けんしゅう

_____

6. 日本の会社では働く時に、どのような考え方が大切だと考えられていますか。

_____

7. ○×をつけなさい（_to put_）。（○ = _True_, × = _False_）

    （   ）新入社員研修をしていない会社は少ない。
               しんにゅう   けんしゅう

    （   ）日本では学校で敬語は全然勉強しない。
                    けいご

    （   ）会社に入ると、大学の時とは全然違う生活になる。

    （   ）就職した後に、仕事をおもしろくないと思うわかい人が多いようだ。

8. あなたの国では、仕事をする時、どんなことが大切だと考えられていますか。それはどうしてですか。説明して下さい。

_____

_____

_____

_____

_____

9. あなたの国では、新入社員研修がありますか。もしあるなら、研修ではどんなことをしますか。もし研修がないなら、どのようにビジネスマナーを勉強しますか。

_____

_____

_____

Name _____ Class _____ Date _____

書く練習 **Writing Practice**

A. Look at the chart on pages 531–533 of your textbook and write each **kanji** ten times using the handwritten style.

就													
職													
面													
接													
広													
告													
立													
派													
研													
究													
室													
専													
門													
働													
給													

申　努　力　続　活　決　機　向　存

B. Rewrite each sentence using **kanji** and **hiragana**.

1. あしたこうこくがいしゃのめんせつしけんがあるので、しぼうどうきをかんがえておいた。

   _____

2. せんせいのけんきゅうしつがある　たてもののむかい側に　ひろくてりっぱなとしょかんが
   あります。

   _____

3. もうし込ようしに　ひつようなことを　きにゅうして締めきりまでにだしてください。

   _____

4. このかいしゃのきゅうりょうはやすいので、はたらきたいとおもうひとがすくない。

   _____

5. にほんのかいしゃにしゅうしょくしたいのですが、履歴しょのかきかたをごぞんじですか。

   _____

6. どりょくをつづければ、ぜったいににほんごはじょうずになります。

   _____

7. にほんのかいしゃではたらきたいので、しゅうしょくかつどうをすることにきめました。

   _____

8. せんせいのせんもんは　にほんごのぶんぽうで、「は」と「が」についてけんきゅうして
   いるそうです。

   _____

Name _____ Class _____ Date _____

ラボの練習　Lab Activities

Part 1: Speaking and Listening Comprehension Activities

I. Using honorific expressions to show respect

A. You will hear sentences that do not use any honorific expressions. Change the sentences, inserting honorific expressions where they are needed.

■ You hear: 先生は昼御飯を食べました。

You say: 先生は昼御飯をめし上がりました。

You hear: 先生は昼御飯をめし上がりました。

You repeat and write: <u>先生は昼御飯をめし上がりました。</u>

1. _____
2. _____
3. _____
4. _____
5. _____
6. _____
7. _____
8. _____

B. Repeat the statement you have just heard, then create a question for which that statement would be a response. Use honorific expressions in your question.

■ You hear: 研究室には毎日十時ごろ来ますよ。
けんきゅうしつ

You write and say: A: 先生は毎日何時ごろ研究室にいらっしゃいますか。
けんきゅうしつ

B: 研究室には毎日十時ごろ来ますよ。
けんきゅうしつ

You hear: A: 先生は毎日何時ごろ研究室にいらっしゃいますか。
けんきゅうしつ

B: 研究室には毎日十時ごろ来ますよ。
けんきゅうしつ

You repeat and write: A: 先生は毎日何時ごろ研究室にいらっしゃいますか。
けんきゅうしつ

B: 研究室には毎日十時ごろ来ますよ。
けんきゅうしつ

1. A: 社長、_____。

   B: _____。

2. A: 先輩 _____。
      ぱい

   B: _____。

3. A: 先生 _____。

   B: _____。

4. 後輩のアパートで
   こうはい

   A: 先輩、今 _____。
      ぱい

   B: _____。

II. Using humble expressions to show respect

A. You will hear sentences that do not contain any humble expressions. Change the sentences so that they contain proper humble expressions. Say your new sentence out loud and then write it down.

■ You hear: 　　　　　　先生、荷物を持ちましょうか。

　You say: 　　　　　　先生、荷物をお持ちしましょうか。

　You hear: 　　　　　　先生、荷物をお持ちしましょうか。

　You repeat and write: <u>先生、荷物をお持ちしましょうか。</u>

1. _____

2. _____

3. _____

4. _____

5. _____

6. _____

7. _____

8. _____

B. Listen to each question and respond using humble expressions. Write your responses.

■ You hear: 　　　　　　あのう、このＴシャツのＳサイズがありますか。

　You see and say: 　　店員：今、<u>おさがしします</u>。

　You hear: 　　　　　　今、おさがしします。

　You repeat and write: 今、<u>おさがしします</u>。

1. 部下：はい、今 _____。

2. 後輩：それ、ぼくのけいたいと同じですから、_____。
　　はい

3. スミス：ええ、今度持って来るので、_____。

4. 後輩：ありがとうございます。じゃあ、_____。
　　はい

5. 学生：先生、これを_____。

III. Expressing directionality in time using 〜ていく and 〜てくる

A. Listen to each statement and respond using 〜ていく or 〜てくる.

■ You hear: A: 15 年前は、パソコンはとても高かったそうですね。

You see and say: B: ええ、でも、今は安くなってきましたね。

You hear: ええ、でも、今は安くなってきましたね。

You repeat and write: ええ、でも、今は安くなってきましたね。

1. 男の人：そうですね。でも、私たちの社会はもっと _____と思いますよ。

2. 先生：ええ、だから日本語がとても_____。

3. ジェフ：うん、部屋が_____から。

4. 先生：そうですね。_____が、おもしろいと思いますよ。

5. 女の人：うん、_____から、今日はもう止めましょう。

B. Listen to each sentence and respond using 〜ていく or 〜てくる.

■ You hear: A: 7 月になって暑くなりましたね。

You see, say and write: B: でも、これからもっと暑くなっていくと思いますよ。

1. アリス：二年生になって、_____、ちょっと大変。

2. 学生：アメリカにもどっても、_____つもりです。

3. 道子：熱は_____、まだせきが止まらない。

4. 女の人：私の国では、_____。

5. 男の人：ええ。本当ですよ。そして、_____らしいです。

IV. Pronoun の, the noun こと, and ことになる／ことにする

A. Listen to the questions, then respond using 〜の or 〜こと.

■ You hear:　　　　　　A: この本は田中さんの本ですか。

You see and say:　　　B: ええ、<u>私の</u>です。

You hear:　　　　　　ええ、私のです。

You repeat and write:　ええ、<u>私の</u>です。

1. リー：えっと、_____まもるとラジャとゆみと…。

2. 女の人：違うよ。宿題の_____知らないの?

3. まもる：ぼくが_____、兄が使っていた古いコンピュータなんだ。

4. 先輩（ぱい）：そうだね。_____履歴書や自己PRかな。
　　　　　　　　　　　　　　　　　　　　　　　　　　りれきしょ　じこ

5. 先生：ええ、自己PRは、_____から、じゅんびしておいて下さい。
　　　　　じこ

6. スミス：そうですね。一番_____、文法です。

B. Respond to each statement using 〜の or こと.

■ You hear　　　　　　　　　　　　女の人：どろぼうを見ました。

You see, say, and write: けいさつかん（policeman）：そうですか。じゃあ、<u>見たことを</u>
　　　　　　　　　　　　　　　　　　　　　　　　　　　　　<u>話して下さい</u>。

1. 学生：今度の作文は_____。

2. 女の人：昨日の晩_____。

3. 学生：えっと、_____。

4. 男の人：大学を卒業して、_____。

5. 先生：そうですね。_____は大切ですね。

C. Listen to each statement and select the most appropriate phrase from the options presented in parentheses. Then use that phrase in combination with 〜 ことになる or 〜ことにする.

■ You hear: 日本語が上手になりたいそうですね。

　　You see: （テニスをする　日本に留学する　教育を勉強する）

　　You choose: 日本に留学する

　　You respond: ええ、だから<u>日本に留学すること</u>にしました。

　　You hear: ええ、だから日本に留学することにしました。

　　You repeat and write: ええ、だから<u>日本に留学すること</u>にしました。

1. （面接試験を受ける　しぼう動機を話す　すいせんじょうを書く）
　　ええ、だから今度は_____。

2. （書類を送る　すいせんじょうを書いてもらう　手続きについて聞く）
　　そうなんです。それで、山下先生に_____。

3. （友達に連絡する　会議で話す　先生の研究室に行く）
　　そうだね。その後で_____。

4. （会社にエントリーする　自己PRを送る　申込用紙に記入する）
　　そうですね。まず、_____。

5. （となりの人にゆるしてもらう　引っ越しをしてもらう　大家さんが文句を言ってくれる）
　　うん。それで、_____んだ。

Optional

D. 質問に日本語で答えて下さい。

　　1. _____

　　2. _____

　　3. _____

V. Expressing quantity-related emphasis using quantity expression + も

A. Listen to each conversation and the question which follows. Answer the questions using a quantity expression + も.

■ You hear: A: スミスさんは、京都に行ったことがありますか。

                   B: いいえ、行きたいんですが、まだありません。

Question: スミスさんは京都に行ったことがありますか。

You say: いいえ、まだ一度も行ったことがありません。

You hear: いいえ、まだ一度も行ったことがありません。

You repeat and write: <u>いいえ、まだ一度も行ったことがありません。</u>

1. _____。

2. _____。

3. _____。

4. _____。

5. _____。

6. _____。

B. 「Quantity expression + も」を使って、質問に日本語で答えて下さい。

■ You hear: 北海道に行ったことがありますか。

You say and write: <u>いいえ、一度も</u>ありません。

1. _____。

2. _____。

3. _____。

4. _____。

Part 2: Dict-A-Conversation

Smith knocks on Professor Yoshida's office door.

先生：_____

スミス：_____

先生：_____

スミス：_____

先生：_____

スミス：_____

先生：_____

スミス：_____

先生：_____

スミス：_____

先生：_____

スミス：_____

先生：_____

スミス：_____

先生：_____

スミス：_____

先生：_____

スミス：_____